調理師のための

飲食店経営読本

高桑　隆

同友館

はじめに　―本書の活用法に代えて―

本書は、調理師養成施設、特に調理師専門学校で学ぶ学生の皆さんを対象に書いた「飲食店経営」のテキストです。

私は、飲食店専門の経営コンサルタントを営む者です。２００６年から学校法人服部学園服部栄養専門学校で、非常勤講師をしており、担当科目は、「マーケティング論」と「マネジメント論」です。両科目とも適当な教科書がなく、当初、自著をテキストに使用しておりましたが、どうもうまく適合せず、専門学校で使用する類書がないか、長い間探しておりました。

そこで、〝調理師専門学校で使える「飲食店経営の本」を私が書いてみよう！〟と思いたち、今回、同友館から出版することができました。

この本は15章で構成されています。

そのうち最終章は「食育」の特別講座にしました。経営論も大事ですが、現在「食育」は大きな教育テーマとなっております。

「食育基本法」の施行もあり、全国の小中高校でカリキュラム化されておりますが、肝心の調理師専門学校では義務化されておりません。

また、巻末には演習問題を付けましたので、試験や自己学習などに応用してもらえたらと考えています。

調理師を目指す皆さんは、将来の独立を夢見ていると思います。その夢にアプローチできるように、内容にも配慮しています。

しかし、「経営論」は多岐にわたり難しい学問で、ここに使われている用語は、現実の経営でも多用される高いレベルのものですので、学生諸君には難しい内容かもしれません。できる限り、平易な言葉づかいにしてはいますが、読み返すたび難解な内容だと自分でも感じます。

指導される先生や、各講師の方々には大変ご負担を強いることと思いますし、不十分な点が多々あるかと思います。

皆様のご指導ご鞭撻をいただきながら、今後とも内容の改善を図ってまいりますので、なにとぞよろしくお願い申し上げます。

２０１２年早春

高桑　隆

もくじ

第1章

養成施設で学ぶ調理師のための飲食店経営知識の必要性

1 飲食店経営教育の現状

一般に調理師の資格は、調理師法に基づき、厚生労働大臣が指定した調理師養成施設で学び、既定のカリキュラムを履修し、単位を取得してはじめて得ることが出来る。

そのカリキュラムは、食文化概論、衛生法規、公衆衛生学、栄養学、食品学、食品衛生学、調理理論、調理実習の8科目が必修とされている。

一方、調理師養成施設以外の、厚生労働省令で定める飲食施設で調理実務を2年以上経験し、なおかつ適法に、その経歴が証明できれば、各都道府県で実施する「調理師試験」を受験することができる。

その場合の受験科目は、食文化概論、衛生法規、公衆衛生学、栄養学、食品学、食品衛生学、調理理論の7科目である。

いずれの場合も、飲食店の「経営」に関する知識は問

活躍する若き調理師たち（服部栄養専門学校学園祭）

われない。

だが、調理師の資格を取得し、実際の社会の中で調理師が活躍する時、上記の学習と知識のみでは不足する点が出てくる。それが、飲食店の「経営」に関する知識である。

厚生労働大臣が指定した調理師養成施設では、飲食店の「経営」に関する知識を学ぶ機会が若干確保されており、２年制の専門学校の選択科目である経済学、経営学、経営管理学、サービス論、マーケティング論、商業簿記等だ。

一方、１年制の調理師養成施設や専修学校の高等課程では、時間的な制約があるため、飲食店の経営を十分に学ぶ機会に恵まれていない。しかし、前述したように、調理師資格を取得し、社会に出た場合、数年後に必ず必要になるのが、経営に関する知識である。

その知識とは、図表１―１に掲示した「経営数値」「調理事務」「労務」の３分野である。

2　将来必要になる経営知識とこれからの調理師に求められる能力

飲食店経営に関する知識とは、図表１―１に示したものであるが、調理師資格を取得し就職した直後には、これらはあまり必要ではない。

必要になって来るのは、入社して数年後、現代の飲食業界の実情から言えば入社４～５年後に

図表 1-1　養成施設を卒業後３～５年で必要となる経営知識

分　野	項　目
経営数値に関わる知識	売上高・経費・利益等の数値 POS システムとコンピュータ知識 食材原価率、人件費などの数値
調理事務に関わる知識	正確な仕入れと発注の知識 売上に合わせた仕込み作業 メニュー開発に関する知識
労務に関わる知識	人件費のコントロール 人員シフトの管理 部下の教育 労災と安全知識

は、必ず必要とされる知識である。

たとえば、調理師資格を取得した卒業生が、あるホテルのレストランに勤務したとしよう。最初は、調理の現場で汗を流しながら調理作業に没頭する数年が続く。だが数年後、その働きが認められて、調理主任に昇格したと仮定しよう。

ここからが、前述した経営知識の必要性が現実になる瞬間である。

調理主任ともなれば、まずホテル側から期待されるのが、調理場の適正人員のコントロールである。

ある日１００名の宴会が入っていて、１００人分の料理を作らなければならないとする。

誰をどの部署で何時から何時まで使い、どの食材をどのくらいの分量仕入れるか……。人員配置だけでなく、その作業を目標の経費予算の範囲内で達成しなければならないのである。

もちろんお客様に満足してもらえる高い調理レベルを維持しなければならない。上司である調理長が最終的な指揮をとるが、主任ともなれば、自分に任された部門内で、それを達成することが求められる。

人員コントロールによる人件費の管理ばかりではない。食材原価率に関しても、厳しい数値達成を求められる。

レシピ通りに調理しているか、ムダは無いか、ロスは出していないか、目標の食材原価率を、調理作業をしながら達成しなければならない。食材ロスばかりではない。発注・納品・仕込みに関しても、正確な業務を行い、ムダをなくし、なおかつ品切れも出さないような適正な作業が求められる。それと同時に、後輩を指導し、戦力になるスタッフに育てあげなくてはならない。

なおかつ調理場の先頭に立って調理しながら、お客様に感動を与えられるような、そんな鮮やかな盛り付けと味を実現しなければならない。

目標数値を念頭に、先頭に立って作業をしながら、同時に職場内の融和をはかり、部下のやる気を引き出さねばならない。

つまり、入社数年後に「主任」ともなれば、単なる調理作業者から、ホテル経営を支える一人の管理職、「プレイングマネジャー（player-manager）」としての活躍が期待されているのだ。

特に最近は、人件費の高騰により、飲食店の職場で働く従業員の多くはパート・アルバイトである。

図表 1-2　飲食店の経営者として独立した時に必要となる経営知識

知識の種類	内　容
経営に関する知識	店のコンセプトに関する知識 メニュー開発や食材に関する知識 原価率や人件費など、数値に関する知識 新規に開拓する取引先の知識 店舗運営に関する知識
立地に関する知識	立地調査の知識 不動産に関する知識 損益分岐点の知識
開業に関する知識	店舗設計と施工に関する知識 建築・レイアウトに関する知識 見積書チェックに関する知識
開業資金に関する知識	金融に関する知識 借入と返済に関する知識 運転資金に関する知識
人材に関する知識	求人と採用に関する知識 人材育成と教育に関する知識 賃金や保険などに関する知識
販売促進と宣伝に関する知識	宣伝方法に関する知識 宣伝効果の測定に関する知識

かなりの高級店でも、多くのパート・アルバイトが働いている。

正社員の調理師として入社して、数年後にはパート・アルバイトを数名従えた管理職的な立場に立たなくてはならない。

そのような現実を踏まえれば、学生時代に少しでも、こうした経営に関する知識を身につけておくことは、新しい時代をになう調理師として必須の要件である。

また、調理師を目指す皆さんのほとんどは、将来自分のお店を持って、一人の経営者として独立したいと夢見ている。

小さなお店でも〝一国一城の主《あるじ》〟ともなれば、図表1―2に掲げたような、飲食店経営者としてのいろいろな経営に関する知識が必要となってくる。

〝私は調理師出身だから、経営の知識はありません！〟では済まない。経営の知識を持たず、〝包丁一本と、経験と度胸〟だけでは、この複雑な現代のビジネス社会で生き残ることは出来ないのである。

もしも経営知識を持たずに飲食店で独立しても、お店は数年で赤字、閉店せざるを得なくなるかも知れない。

いずれにしろ、現代に生きる調理師には、こうした経営知識は必須の要件なのである。

3 新しい時代の調理師の役割

昭和33年に制定された「調理師法」第一条には、「この法律は、調理師の資格等を定めて、調理の業務に従事する者の資質を向上させることにより、調理技術の合理的な発達を図り、もつて国民の食生活の向上に資することを目的とする」と書かれている。

現代の調理師が置かれている状況は、この調理師法が制定された昭和30年代当時とは、比べようもないほど複雑で高度なものとなっている。

現代の調理師には、経営に関する知識の習得以外に、以下の5つの役割が求められている。

①「食」の安全・安心をチェックする役割

現代の調理師に求められている第一の役割は、「食」に関する不安の払拭である。

化学の発達と、海外からの食糧の輸入の増大で、さまざまな化学添加物で加工された食品が国内に流通している。国内で出回っている食品の60％以上は、海外から輸入された食品である。

産地が偽装されたり、成分内容が隠されたり、それが原因で引き起こされた食中毒事件も相次いでいる。

こうした、現代の「食」の不安を払拭し、安全で安心な食事を提供する役割が現代の調理師には強く求められている。

②栄養バランスのとれた食事を提供する役割

グルメが増え、豪華な食事を求める傾向も依然として根強い。顧客が、過度の美味しさを求めるあまり、

現代の食の多様性①
化粧品のようにカラフルな「フルーツ酢」が大人気

栄養の偏った食品を摂取することも多い。

一方、簡便さを求めたインスタント食品や、表面をきれいに見せた本物そっくりなコピー食品など、世に氾濫するこうしたさまざまな食品の過度の摂取に警鐘を鳴らし、栄養バランスのとれた健康に良い食事を提供する役割もある。

③病原菌や病原性ウイルスをチェックし、顧客の生命を守る役割

一方で、頻発するウイルスによる食中毒事件。ＢＳＥ（牛海綿状脳症）や、鳥インフルエンザ、Ｏ‐１５７（病原性大腸菌）など、聞き慣れない病原菌や病原性ウイルスが「食」の不安をあおりたてる。

こうした病原菌や病原性ウイルスから顧客を守り、安全な「食」を提供することも現代調理師の重要な役割である。

④健康で長生きに貢献する食事を提供する役割

今わが国は、世界一の高齢化社会になりつつある。２０２５年には３人に１人が60歳以上になると推計されている。

最近は、テレビ等による健康食品の宣伝が盛んで、高齢化を背景にした一種の健康食ブームが起きている。

高齢者は、食事を通して健康と長寿を手に入れたいと願っており、健康な食事を続けることで、健康に暮らせるという、「医食同源」が強く意識され出している。

それゆえに、高齢化社会では、健康と長寿に貢献する食事が求められており、調理師にはそうした食事を提供する役割も求められている。

⑤美容やアンチ・エイジング（老化防止）効果のある食事を提供する役割

いつまでも美しく若々しくありたいと願う女性は多く、〝ダイエット（痩身）〟や〝アンチ・エイジング（老化防止）〟に対する興味はかなり高い。こうした願望は、毎日の食事のコントロールでかなりの効果が得られると言われている。

よって現代の調理師には、美味しくて、安全で安心、そして衛生的、健康や美容に効果があり、しかも経済的、そうした料理を提供することが求められている。

一方前述したように、企業組織の中で、経営的な知

現代の食の多様性②
米国からやって来た大繁盛のドーナッツ店に行列する人々

識を駆使し、管理責任者として、職務を遂行する役割も求められている。

このように、現代の調理師の果たす役割は非常に大きく、調理師本人の絶え間のない自己研鑽が求められている。

そのため調理師資格の取得以後も、常に学ぶ姿勢を持ち続け、知識的にも技量的にも優れ、人間的にも素晴らしい人格の持ち主に成長することが、これから世に出ていく若き調理師の皆さんに期待されているのである。

演習問題 1

以下の文章を読み、正しい答えを下記の語群の中から選び、記号で答えなさい。

昭和（　ア　）に制定された「調理師法」第一条には、「この法律は、調理師の資格等を定めて、調理の（　イ　）に従事する者の（　ウ　）を向上させることにより、（　エ　）の合理的な発達を図り、もつて（　オ　）の食生活の向上に資することを目的とする」と書かれている。

【語群】

①35 年　②業務改善　③業務　④33 年　⑤作業
⑥資質　⑦調理技術　⑧経営　⑨近代的　⑩食生活
⑪日常生活　⑫国民

【解答欄】

ア	イ	ウ	エ	オ

解答　ア④　イ③　ウ⑥　エ⑦　オ⑫

第2章

飲食店の歴史―江戸・明治・昭和―外資系飲食店がもたらした新経営術

1 江戸から明治、昭和の飲食店

■江戸時代

徳川家康公が、江戸（現東京都）に城を築いた江戸時代初期（１６０６年）、それまで小さな寒村だった場所に突然江戸幕府（当時の日本の中心）が置かれたため、城下に飲食店らしきものは存在していなかった。

江戸の街を築くために、全国から大工などの大勢の職人が移住してきたり、参勤交代により地方からやってくる武士たちも多かったようだ。いずれも男性の単身者である。

そうした人々に食べ物を提供する、さまざまな「食べ物屋」が現れた。調理済みの料理を桶に入れて売り歩く「振り売り」や、蕎麦や天ぷら、握り寿司などの「屋台」が、江戸の街に出現し始めたのが、明暦の大火（１６５７年）以降である。

宝暦から明和のころには本格的な料亭が開店し、浅草の「奈良茶飯の店」が『西鶴置土産』（１６９４年）に記されている。通説では、これが料理屋の元祖と言われる。

江戸時代には、醤油やみりん等の調味料の普及もあり、現代でも好まれているさまざまな料理が現れた。

「握り寿司」や「天ぷら」が、庶民に人気を博したのもこの時代である。日本料理の代名詞ともなっている握り寿司は、文政年間（１８００年代前半）に誕生した。

現代でいう蕎麦屋は〝蕎麦切り〟と呼ばれ、庶民の食堂＝大衆食堂として親しまれていたようである。テレビの時代劇などで見かける、蕎麦売りの屋台も多く、街頭で夜遅くまで営業していたようである（写真参照）。

また、仏教的な教えが広く浸透し、当時は米、野菜、魚が中心の食事であり、肉食は嫌われる傾向にあったが、まったく食べられないわけではなかった。病人などに食べさせる慈養食＝薬として、わずかに食べられていたことが記録に残されている。

江戸時代の蕎麦切り屋台
（東京都江東区深川江戸資料館内にある復元屋台）

■明治・大正

明治は〝文明開化〟により、洋食が本格的に日本に紹介された時期であり、さまざまな飲食業が急速に発達した時代でもあった。

慶応3（1866）年には、早くも神田に「三河屋」という西洋料理店が出現し、明治元（1868）年には大衆相手の牛鍋屋が開業した（写真参照）。

また、明治32（1899）年には新橋にビヤホールが登場している。

この時期には、文学にも新しい飲食店が登場する。たとえば、明治41（1908）年に新聞に連載された夏目漱石の「三四郎」には、西洋料理店や天ぷら屋、そば屋などが登場している。

明治期の飲食店としては、この他に汁粉屋、焼芋《やきいも》屋、氷水屋、寿司屋、蛤《はまぐり》鍋屋（はまぐり鍋を食べさせる店）、鰻《うなぎ》屋（うなぎの蒲焼）などがあった。

明治30年の調査によると、当時東京には、今で言う居酒屋のような銘酒屋や、和洋の食堂・飲食店など、あわせて約1500軒ほどが営業していたと記録されている。

大正中期に入ると、公営の簡易食堂が設置され、大正12（1923）年の関東大震災後は、東京秋葉原に大衆食堂の元祖といわれる「須田町食堂」が開店した。

明治時代に大流行した牛鍋屋（横浜開港資料館所蔵資料）

こうして、明治・大正期は飲食業が大いに発展し、各種の飲食店が急増した時代でもあった。

■昭和―戦中と戦後

太平洋戦争が始まると、明治・大正期の華やかさは影を潜め、１９４１年には食糧統制の一環として、外食券が配布された。以降「外食」という言葉が広く一般に普及するきっかけとなる。

戦後問もなく、「雑炊《ぞうすい》食堂」が誕生した。

焼け野原に粗末な小屋を建てて、やっと生活できる窮乏生活の中で、人々に温かい雑炊を提供し大人気となった。

深刻な食糧難は次第に解消され、昭和30年代に入ると、一般家庭でも西洋料理や中華料理が作られ、人々の食生活も徐々に向上した。

それにつれて、飲食業も活気を取り戻していったが、今日のような〝外食が日常化する〟までには至らなかった。

2　外資系飲食店の衝撃

１９７０年は、わが国の飲食業界にとって歴史的な年であった。

戦後復興は、「高度成長」という奇跡的な経済成長に支えられ、急激な回復をみせた。国民生活も、毎年増加する所得で豊かになり、テレビや冷蔵庫、電気洗濯機が各家庭に急速に普及する。

そんな中、1970年に大阪で開催された「大阪万国博覧会」は、6422万人の来場者を記録し、再生日本の象徴となった。日本人の2人に1人が来場した計算になる。

その万博で披露されたのが、外資系飲食店である。来場者を驚かせたのは、進んだ海外の飲食施設、合理的に設計されたレストランや厨房設備、そこで提供される美味しそうな料理の数々であった。

それは、セルフサービスのカフェテリア、テーブルサービスのレストラン、そして米国流のファストフードであった。

特に万博会場には、「ケンタッキー・フライドチキン」が初登場し、特殊な圧力鍋でカリッと揚がったフライドチキンの味に当時の日本人は驚き、米国式フライドチキンを買い求める人々で毎日大行列ができるあり様であった。

大阪万国博覧会の様子を詳しく紹介した書籍
(中和田ミナミ著、ダイヤモンド出版)

一方、小売業の世界では、米国のチェーンストア経営を学んだ若い経営者たちが、新しいスーパーチェーンを国内各地に盛んに出店させていった。

現代の「ダイエー」や「イトーヨーカ堂」、「ユニー」などの大手スーパーがそれである。そして急激な成長を果たし、早期に上場するスーパーチェーンの姿に当時の人々は驚いた。

これに刺激を受けた飲食店経営者たちが、気鋭の経営コンサルタント（故渥美俊一氏）に導かれて、米国のチェーン式ファストフード店や、チェーン式レストランの視察を繰り返し、日本での店舗展開を目指したのである。

１９７０年7月、東京都西部で小さな食料品店を経営していた兄弟が、日本のファミリーレストランの第1号店「スカイラーク」を国立市にオープンした。

翌年、マクドナルドの国内第1号店も東京銀座のど真ん中にオープンし、大評判となった。

１９７２年には、「モスバーガー」「ロッテリア」「ロイヤルホスト」「吉野家」が、外資系飲食店のノウハウを取り入れてそれぞれ1号店をオープンさせ、チェーン飲食店の大量出店ラッシュが開始されたのである。

3 チェーン飲食店の隆盛

■外資系飲食店の特徴とは何か

従来の飲食店が「料理」中心の家族経営（生業または家業と呼ぶ）が主流だったのと違い、外資系飲食店は、飲食店を〝産業〟ととらえ、最初から標準化された店舗を計画し、複数店で経営することを前提とした、チェーン・システム経営を特徴としていた。

銀座に開店したマクドナルドには、本職の調理人はおらず、ほとんどパート・アルバイトなどの素人で、米国で開発されたマニュアル（作業手順書）をもとに教育され、1日100万円を売り上げるという驚異的な実績をうちたてた（写真参照）。

当時の為替レートが1ドル＝360円だったことを考えれば、当時の100万円は、今の1日500万円

銀座に1号店が開店して20年経過したマクドナルドの店舗（写真は1990年の藤沢南口店）

に相当する。

それまでわが国の飲食業界には、「システム」とか「産業」という概念は存在していなかった。“水商売”感覚の経営がまかり通り、他のビジネス界から見て遅れた業界というイメージが強かった。

そこに新たに登場してきた、これら外資系飲食店の近代的な経営手法に、それまでの飲食店経営者たちは驚き、大いに刺激を受け、わが国の飲食業界が大きく変革する第一歩となった。

当時の潮流は、２つのビジネス・スタイルであった。

１つは「ファストフード」であり、もう１つは「ファミリーレストラン」である。

ファストフードは、「マクドナルド」に代表される、主に米国よりやって来たハンバーガーショップやドーナツ、フフイドチキンの店である。

後発の「ロッテリア」や「モスバーガー」は、これら外資系飲食店の経営ノウハウを取り入れた、国産の

日本初のファミリーレストラン「すかいらーく」本社（東京都三鷹市）

ファストフード店である。

ファミリーレストランに関しては、外資系チェーンは「デニーズ」だけで、「スカイラーク」（現「ガスト」）や「ロイヤルホスト」のように、経営ノウハウを取り入れた国産のチェーン店が主流であった。

これらの飲食店の特徴は、多店舗化によるチェーン経営である。

チェーン経営は、同じ店名、同じ料理、同じ外観・同じ内装で統一し、全国どの店舗でも均一の味・価格・サービスが提供できるような、そんな経営の仕組みで成り立っていた。

なぜそのようなことをするのかと言えば、同じように画一化して多店舗経営すれば、チェーン全体で大きな売上と利益を容易に確保することが可能となるからである。

これを、「スケール・メリット（規模の利益）の追求」と呼ぶ。

すべての店舗で、同じ設備や食材を大量に使用することで、それらを本部で一括購入し、仕入れコストを大幅に下げることが出来れば、企業の収益力は大いに高まり、大発展につながるからなのである。

ところが、こうしたチェーン店の経営方式が、40年後の現在、大きな足かせとなっている（この点に関しては、第3章で詳しく述べる）。

外資系飲食店の経営ノウハウを取り入れたチェーン経営は、当時数多くの強みを発揮し、急激な店舗網の拡大を可能にした。

高度成長で豊かになったわが国の当時の消費者は、外国式のカッコいい外食スタイルに飛びついた。

そしてこられの外食店を受け入れ、１９７０〜２０００年までの約30年間、わが国の飲食業界は、これらチェーン飲食店に引きずられるように大発展したのである。

外食ばかりではない。

日本全体が、世界第2位の国民総生産を誇る、世界でも有数な国家として発展していったのである。

演習問題２

次の項目に関連のある用語を、下記の語群から３個選び、記号で答えなさい。

1. 江戸時代の飲食店
2. 明治・大正時代の飲食店
3. 戦中・戦後の飲食店
4. 外資系飲食店

【語群】

①文明開化	②戦国時代	③握り寿司	④調理場
⑤数値管理	⑥雑炊食堂	⑦ラーメン戦争	⑧ファストフード
⑨牛鍋屋	⑩振り売り	⑪蕎麦切り	⑫夏目漱石『三四郎』
⑬テレビの普及	⑭外食券	⑮コンピュータ	⑯吉野家
⑰万国博覧会	⑱駅前飲食店	⑲アメリカ合衆国	⑳食糧難

【解答欄】

1.				2.			
3.				4.			

解答　1. ③、⑩、⑪　2. ①、⑨、⑫　3. ⑥、⑭、⑳　4. ⑧、⑰、⑲

第3章

成長が止まった成熟社会
―新しい時代の飲食店―

1 生活の豊かさによってさまざまな「業種」「業態」が発展

太平洋戦争（１９４５年終戦）で、日本は壊滅的な打撃を受けた。

しかし、昭和30（１９５５）年から始まる高度経済成長が、わが国の経済を奇跡的に回復させ、国民生活を飛躍的に発展させた。

時代が進むとともに、技術革新と大量生産と流通業の発達により、テレビ・冷蔵庫・電子レンジ・洗濯機などの家電製品や自家用車が手軽に購入できるようになり、憧れだった欧米の生活様式が身近な存在となっていった。

こうした社会を、「大衆消費社会」と呼ぶ。

大衆消費に拍車をかけたのが、戦後生まれのベビーブーム世代（団塊の世代）である。

子供は、成長するに従ってますます多くの物を消費する。

豊かになり賑わう東京の繁華街

若い両親と子供を伴った家族（ニューファミリーと呼ばれた）は、自家用車を運転し、レジャーや外食に出かけるようになった。

こうして、平成元（１９８９）年頃には、過去には考えられなかった、物質的に恵まれた社会が実現したのであった。

その結果、家庭外で食事をする「外食」行動が、日常生活では当たり前になった。

繁華街にはハンバーガー店をはじめとするファストフード店や居酒屋、ラーメン店がひしめきあい、郊外の道路沿いにはファミリーレストランや、回転寿司、焼肉、トンカツ店など、さまざまな「業種」「業態」の飲食店が誕生し、大発展していった。

飲食店における「業種」「業態」とは、どういう意味なのか？

ここでいう「業種」とは、主に取り扱う料理やメニューを中心とした飲食店の分類で、たとえば、「イタリアンレストラン」「フレンチレストラン」「ベトナム料理店」「中華料理店」「寿司屋」「蕎麦屋」など、取り扱う料理やメニューで分類された店を「業種」と呼んでいる。

自動車の大量生産で自家用車が手軽に購入できるようになった（経済ジャーナリスト・福田俊之氏所蔵）

一方「業態」とは、消費者の生活にあわせて、どのような営業形態をとるのかという視点から考えだされた飲食店のことで、「ファストフード」や「ファミリーレストラン」「ディナーレストラン」などがそれである。

たとえば、ファミリーレストランには「ハンバーグ」もあれば「スパゲティー」もあり、「和風ランチ」もある。これは、消費者の〝昼ご飯は、和食が食べたい！〟という要望に応えるために工夫されたものである。

ファミリーレストランだからといって、「洋食」だけしかない訳ではない。顧客の要望にあわせて営業形態を変えており、そのスタイルを「業態」と呼んでいる。

米国流ファストフードの経営ノウハウを導入した国産ハンバーガーショップのロッテリア（新宿東口店）

こうして飲食業界は、物が満ち溢れる成熟社会の中で、さまざまな「業種」「業態」の店が誕生し百花繚乱（さまざまに咲き乱れている様子）のごとく発展してきたが、21世紀を迎えた現在、大きな停滞の時代を迎えている。

2 「少子高齢化」がもたらす外食市場の縮小と安売り競争

こうして、業態店や業種店が多数誕生し、食文化は大きく花開いた。

ところが、20世紀が終わり21世紀に入ると、日本全体に停滞感が蔓延するようになった。

その原因は、デフレ（物価が下落し経済が停滞する現象）や経済不況などもあるが、人口の「少子高齢化」も大きな原因である。

「少子高齢化」とは、生まれてくる子供の数が少なくなり、老人が増加する社会現象のことである。

一人の女性が一生の間に産む平均的な出生率（合計特殊出生率）は、わが国の場合、現在、人口を維持するために必要とされている２・１人を割り、１・３５人にまで減っている。原因は、女性の就業率の高まり、それによる晩婚化、共働き家庭の増加など、女性の社会進出の影響もある。その結果「少子化」が急激に進行している。

一方「高齢化」は、平均寿命が伸び、２０００年には65歳以上の高齢者がわが国の人口の１７・３％を占めるまでになった。

このままの推移でいくと、２０２５年には65歳以上の高齢者人口が、わが国人口の２８・７％を占めると予測されている。

図表 3–1　平成 22 年のわが国の人口ピラミッド（総務省国勢調査より）

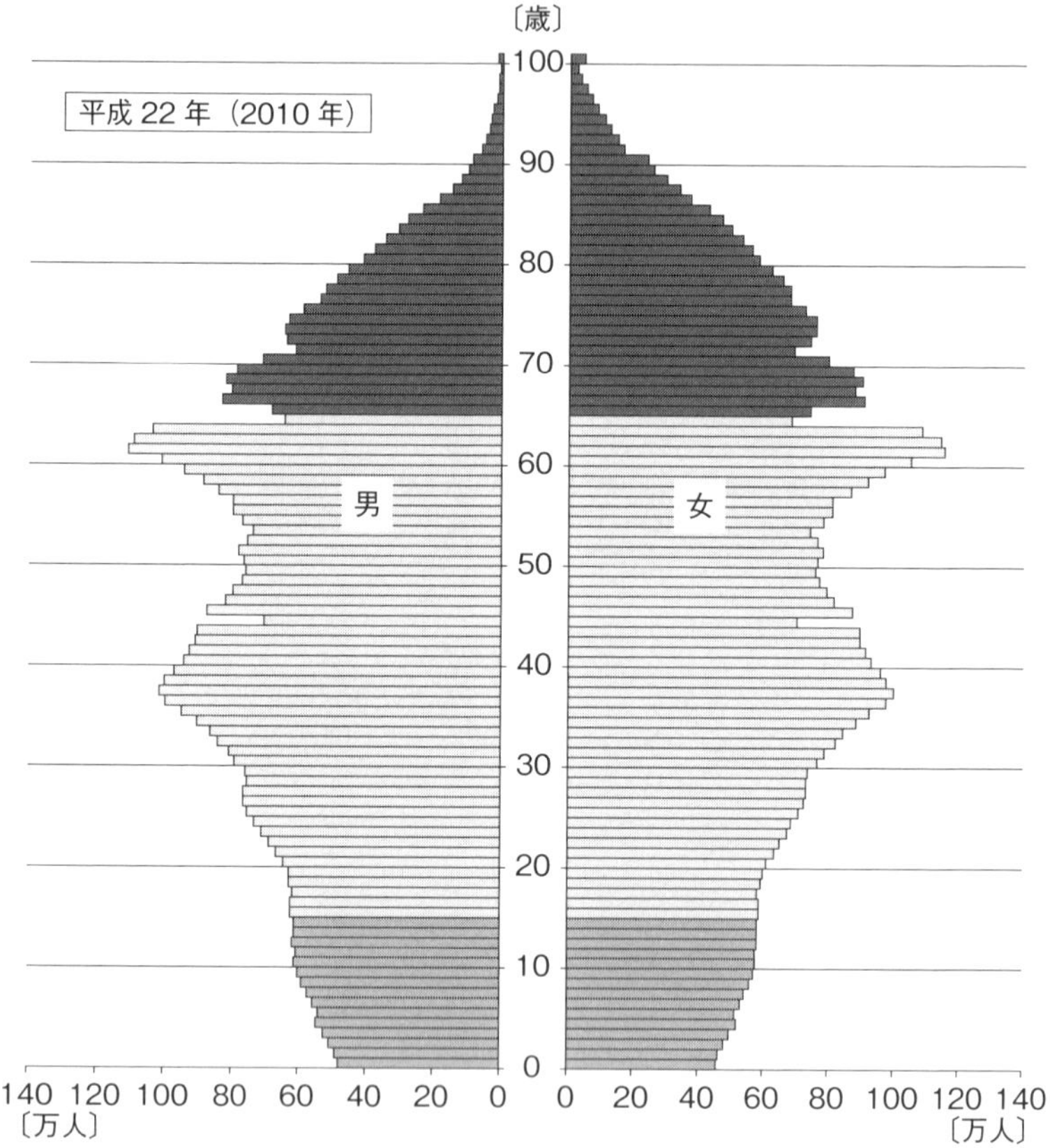

　いずれにしろ、「少子高齢化（少子化と高齢化が同時に進むこと）」がより以上に進めば、生産をになう労働人口の減少につながり、その結果、現在の経済規模を維持することは困難となり、経済の発展を抑制することになる。

　また、増加した高齢者の生活を支える医療、介護、年金等の社会保障制度の現在の水準を維持することが困難となり、「少子高齢

図表 3-2　わが国の外食市場規模

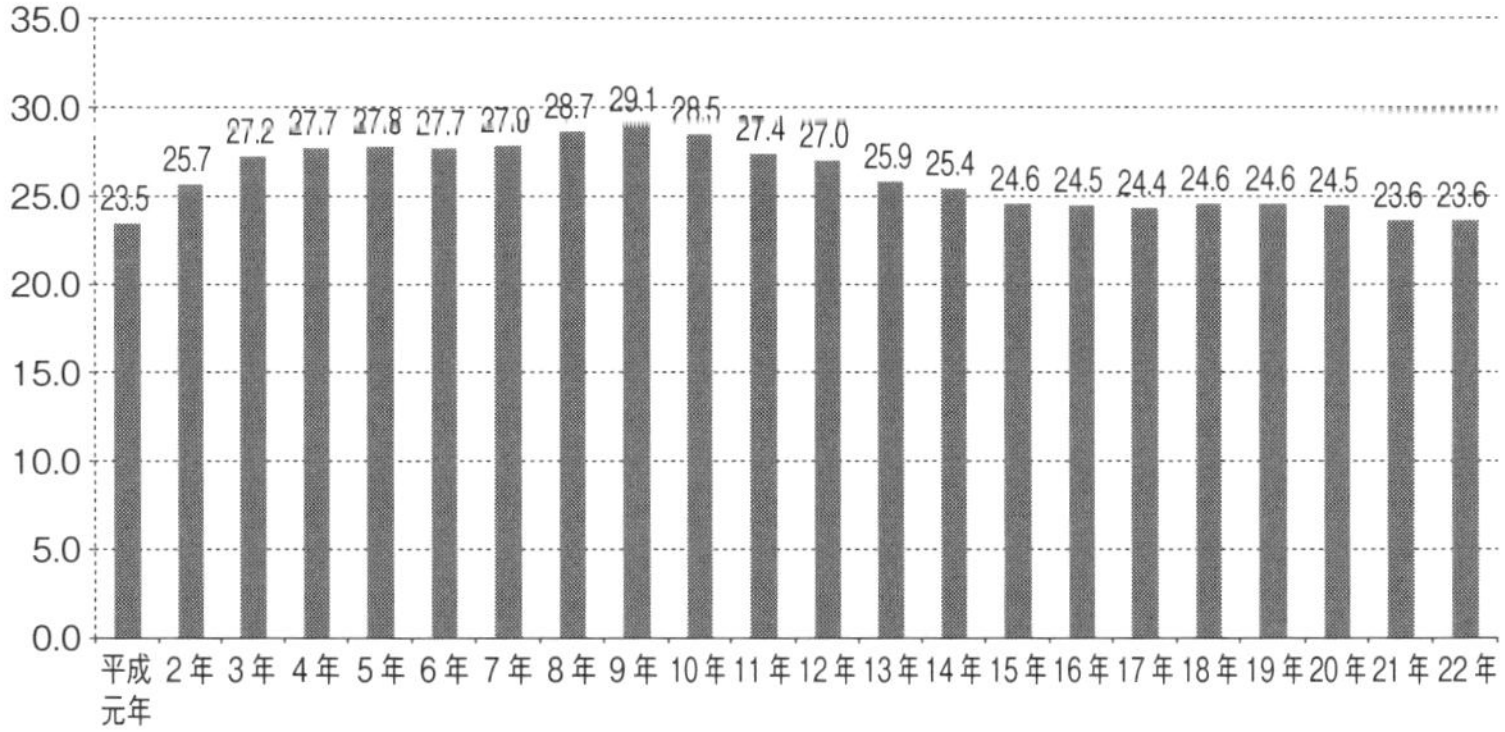

（（財）外食産業総合調査研究センター外食産業市場統計資料）

化」の進行は、日本の未来に暗雲を投げかけている。

人口の「少子高齢化」は飲食業界にも大きな影響を与えている。

一般的に高齢者は体力が落ちることによって、食物の摂取が少なくなり、外食にも出かけなくなり、自宅で食事することが多くなる。

最近、宅配やお惣菜の持ち帰り店が急激に業績を伸ばしているのは、この「少子高齢化」が大きく影響していると考えられている。子供は成長のために食べねばならないから、子供の減少は消費する食材の量を減少させる。

こうして「少子高齢化」の進行は、外食市場を縮小させ、飲食業界は徐々に衰退の道を歩むと予想されている。

事実、発展し続けてきた外食市場規模が、１９９７（平成９）年の２９・１兆円を境に年々減少し続けており、２０１０（平成22）年には２３・６兆円にまで減少している。

進行する市場縮小の影響で、〝限られたパイの争奪戦〟

が起こっている。

最近の激しい〝メニュー価格の安売り競争〟がそれである。この安売り競争は、主にチェーン店同士で戦われることが多い。

チェーン店は、大規模経営を維持するために、常に一定以上の売上高を確保する必要があり、競争相手に勝つために、安売り競争をせざるを得ないのである。

しかし、料理の安売りは食材原価率の上昇を招き、そのしわ寄せが人件費の削減となって、各チェーンに深刻な影響をもたらしている。

２００８（平成20）年にハンバーガーチェーン店で問題となった「名ばかり管理職問題」は、店舗での人件費削減のために、店長を管理職扱いとし、残業代を支払わず、そのため店長が過酷な労働条件下の勤務を強いられ過労死するなど、社会問題となった。

また、こうした勤務実態を不当とし、各地で過労死認定をめぐる裁判が起こされている。

１９７０年に、外資系飲食店が日本に登場してすでに40年。

この間、さまざまな時代の変化を経て、飲食業界は大きく発展し、国民生活の豊かさを支えてき

東京都心部で繰り広げられている居酒屋の安売り競争

た。

だが今、経済は停滞し、デフレが進行し、「少子高齢化」の進展により社会全体に閉塞感が蔓延している。１９７０年代、大きく発展してきた日本の飲食業界も、現在大きな曲がり角に立っていると言える。

3 新しい調理師と、新しい飲食店が求められる時代

奇跡と言われた高度経済成長が終わり、成熟社会のなかで迎えた「少子高齢化」。

そうした状況の中で始まった、メニュー価格の激しい値下げ競争。

人件費の削減で発生した「名ばかり管理職」問題。

過去、日本経済が急速に発展する中で成長してきた大手チェーン各社も、すでに大きな成長は望めなくなっている。

その他、飲食店を取り巻く環境は、ここ数年非常に厳しいものがある。

経済・社会的な面ばかりではなく「食」そのものに関しても大きな問題が頻発している。

食品の産地偽装やO-１５７（病原性大腸菌）による食中毒、ＢＳＥ（狂牛病）騒動による牛肉の輸入禁止。「食」の安全が脅かされる事件が相次ぎ、日常口にする食材の安全・安心が厳しく問

われる時代となった。

２０１２年を迎えたわが国の飲食業界は、過去の成功体験が通用しない、深い混迷の中に迷い込んでしまったようである。

こういった先の見えない時代には、足元を見つめ直してみることが必要だ。

足元とは、現代の顧客が飲食業に一体何を求めているのかを、もう一度原点に返って真剣に考えてみることである。これを「顧客ウォンツ（欲求＝wants）の探求」という。

●顧客が飲食業に求めるウォンツ（欲求）

現代の顧客が飲食店に求めるウォンツは多種・多様である。

①　安全で安心な、履歴の明確な食材を使用して、安心して食べられる、美味しい料理を提供してほしい

②　健康や美容に効果のある、健康メニューを提供してほしい

③　ただ調理するだけではなく、どうして健康に良いのか、その情報をＨＰ（ホームページ）などで公開してほしい

④　まだ食べたことのない、美味しくて珍しい料理をいっぱい開発してほしい

⑤　出来る限りゴミを出さずに、環境に配慮した飲食店経営を行ってほしい

⑥　調理の過程で出たゴミを、リサイクルしてほしい

⑦地元の旬の食材などを活用し、地産・地消を実践してほしい

⑧清潔で衛生的な環境で飲食店を経営してほしい

⑨ホスピタリティ溢れる、温かみのあるサービスを実行してほしい

⑩障害者や老人、ハンディのある人々が訪れやすく、快適に過ごせるバリアフリーな構造の飲食店を作ってほしい

⑪手頃な価格で、早い提供をこころがけてほしい

⑫店内飲食だけでなく、持ち帰りやウェブで注文ができるようにしてほしい

以上が、現代の消費者が飲食店に求めている「ウォンツ（欲求）」ではないだろうか。

これらすべてを一気に実現することは困難かもしれないが、出来る範囲で一つでも多く実現し、顧客の満足を呼びこまなければ、これからの飲食店は存続していくことが困難となっている。

そしてまた、こうした「出口の見えない時代」を切り拓いていくのは、新しい飲食店経営の知識を身につけた、新しい時代の調理師の皆さんではないだろうか。

東京都心部で毎朝出される飲食店の生ゴミ
食糧の60％を輸入しながら、その20％を捨てている

演習問題３

下記のそれぞれの語句にもっともふさわしいと思う文章を、下記ＡからＦまでの中から選び、解答欄に記入しなさい。

①先が見えない時代の経営
②少子化
③名ばかり管理職

【文章】

A. 女性の就業率の高まり、それによる晩婚化、共働き家庭の増加などが背景にある。

B. 技術革新と大量生産と流通業の発達により、家電製品や自家用車やマイホームが手頃な価格で購入できた。

C. 人件費削減のために、店長を管理職とし、残業代を支払わず、そのため店長が過酷な労働条件下で勤務した。

D. 大規模経営を維持するために、チェーン店は常に大きな売上高を追求しなければならない。その結果起こったのが、メニューの値下げ競争である。

E. わが国の飲食業界は、過去の成功体験が通用しない時代に突入しているが、顧客のウォンツ（欲求）という足元を見直すことで、解決の糸口が見えるはずだ。

F. 消費者の生活スタイルに合わせた営業の仕方を採用しているビジネスを「業態」と呼んでいる。

【解答欄】

①		②		③	

解答　①E　②A　③C

第4章

飲食店マーケティング
―顧客志向に立脚した経営―

1 マーケティングとは

マーケティング（marketing）とは、顧客の立場で考えて経営しようという思想である。

飲食業を始める場合、第一に、対象とする顧客が飲食店に何を望んでいるのかを知ることからスタートしなければならない。

これを、「顧客のニーズ＝必要（needs）とウォンツ＝欲求（wants）の発見」という。

〝顧客はなぜ、そういう欲求を抱いているのか？〟その背景と理由を探求し、そしてその必要と欲求をできうる限り十分に満たさなければ、企業は存続し続けることが出来ないといわれている。

マーケティング思想が欠如して失敗した企業の例に、「米国における鉄道会社」のエピソードがある。

米国の国土は、日本の24倍の面積がある。

この広い国土全域に物資や人員を輸送するため、19世紀中ごろには「大陸横断鉄道（株）」をはじめ、鉄道の大会社が多数存在していた。

米国鉄道会社の大躍進時代であった。

しかし、その鉄道会社のほとんどが、１００年後の現代では姿を消してしまったのである。

それはなぜか。

自家用車が普及したから、列車は自動車との競争に敗れたと考える人が多いが、否、そうではない。

顧客志向の経営を、実践することが出来なかったから衰退したというのが真実である。

米国鉄道各社は、自分たちの仕事は、〝単に、物資や人員を目的地まで届ける「運送業」である〟と考え、その枠から脱しようなどと考えたこともなかった。

しかし顧客は、鉄道を利用しながら、さまざまな必要と欲求を抱いていた。

①　目的地に早く正確に到着したい

②　のんびり観光しながら快適に旅行したい

③　荷物を迅速に届けてもらいたい

④　駅直結で宿泊や買物に便利な、ホテルやショッピングセンターがあるとよい

⑤　駅から近いところに住みたい

鉄道を利用する顧客が、このようなさまざまな必要と欲求を抱いていたにもかかわらず、鉄道会社は、〝自分たちは鉄道会社だから……〟と、顧客の必要と欲求を顧みることもなく、鉄道運送に専念し続けたのである。当時はそれでも十分に経営は成り立った。

その結果、①の欲求はジェット旅客機に奪われた。②の欲求は観光会社に持って行かれた。③は宅急便、④はホテルや流通業、⑤に至っては不動産会社に、それぞれ顧客をすべて奪われてしまったのである。

そして気がつけば、今まで鉄道に乗ってくれていた大切な顧客は、すべて他業種に奪われ、自らは衰退産業の道を歩まざるを得なかったのである。こうして１００年後の現在、米国には大手鉄道会社はほとんど存在していない。

その原因は、顧客視点に立ったマーケティング思想の欠如にある。

企業は、顧客の必要と欲求を察知し、その必要と欲求を満たすことに真剣でなければ、どのような大企業でも存続し続けることは出来ないという事実を直視しなければならない。飲食業とて例外ではないのである。

2 飲食店のマーケティング戦略

飲食業の世界に、永らく「マーケティング」という思想は存在しなかった。

しかし、マーケティングの経営思想をもたなければ、これからの飲食店は顧客の支持を失い、経営を継続することはできないに違いない。

わが国の飲食業を考えてみよう。

飲食業界には、永らく料理職人的な古い考え方がはびこり、店側の都合で飲食店を経営してきた歴史がある。

そのため、顧客視点に立ったマーケティング思想は存在しなかった。

しかし、１９７０年の外資系飲食店の進出が契機となって、わが国の飲食業界も大きな刺激を受け、古い体質を脱ぎ捨てて、顧客視点に立った近代経営がなされるようになった。

今日では、顧客志向にもとづく飲食店は珍しくなくなっている。

しかしまだ、過去の古い考え方で、飲食店を経営している店もあいかわらず多い。

今日のように、商品やサービスが豊富で安価な時代に、店側の都合で飲食店を経営していると、必ず顧客は去っていき、飲食店経営は行き詰まるに違いない。

現代の飲食店経営は、顧客の満足が前提でなければならない。

「顧客満足（customer satisfaction）」によって、はじめて企業に売上と利益がもたらされるからである。

顧客は、料理やサービスに代金を支払っているのではなく、顧客自身の満足にお金を払っていると考えるべきなのだ。

顧客満足の結果、得られた利益を源泉として、企業は

多様で高度な欲求を持つ現代の顧客（服部栄養専門学校学園祭）

再び経済活動を行う。

こうした活動を、マーケティング・サイクルと呼ぶ。

マーケティング・サイクルを、順を追って見てみよう。

① 対象とする顧客（市場標的）を設定する

② マーケティング活動を行い、顧客の必要と欲求を発見する

③ その必要と欲求を満たすため事業をスタートさせる

④ 顧客に料理やサービスを提供する

⑤ 顧客が満足する

⑥ 満足の対価として売上高と利益を得る

⑦ 顧客満足が大きければ大きいほど、大きな利益が誕生する

⑧ その利益を源泉として、企業は再びマーケティング活動を行う

この①~⑧の一連の流れがマーケティング・サイクルであり、この全体図が「マーケティング戦略図」である。

マーケティング戦略を計画する場合のスタートは、「顧客」の設定である。

顧客を設定し決定した後、それらの客層が一体どのような必要や欲求を持っているのかを、綿密

図表4-1　飲食店のマーケティング戦略図

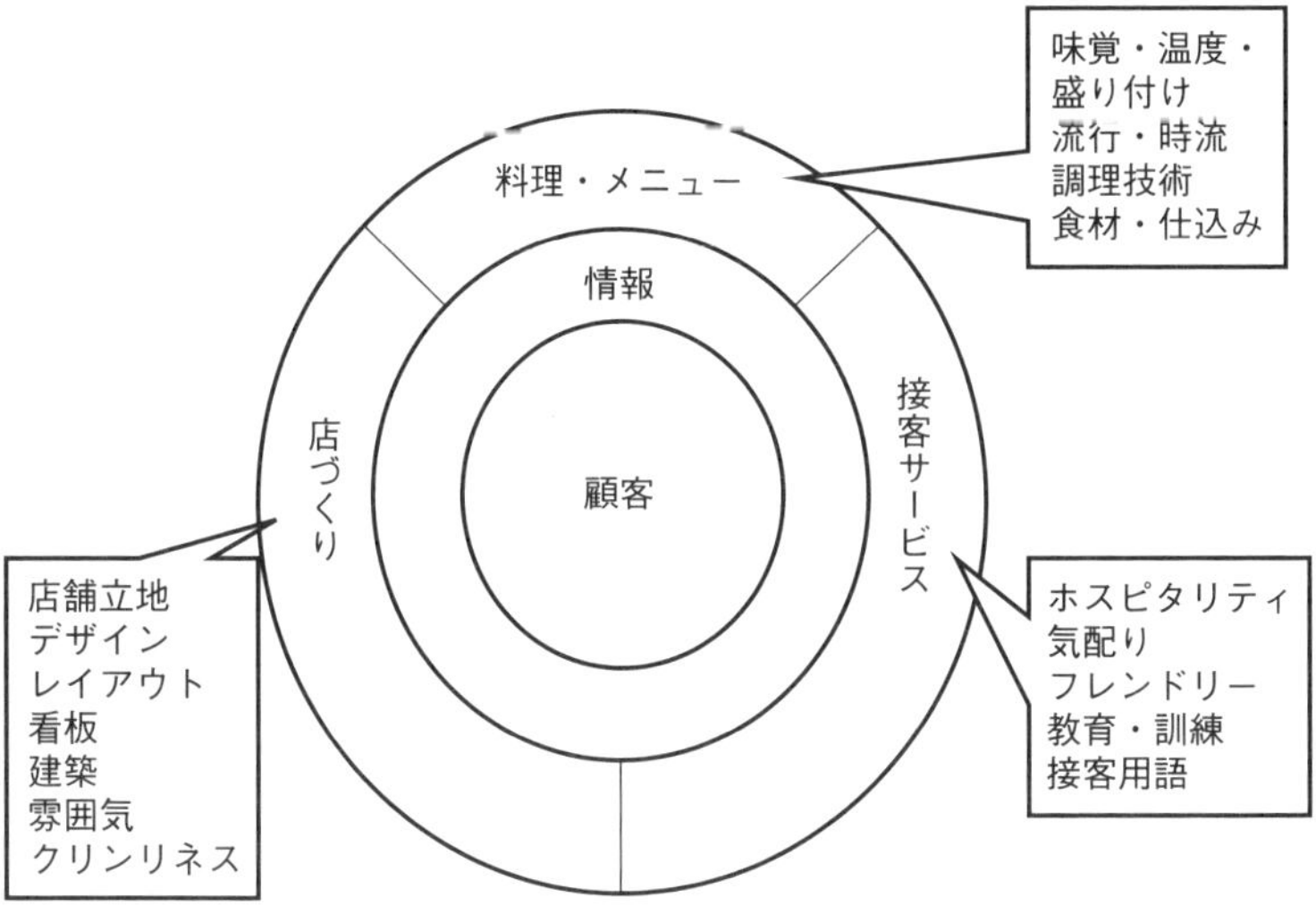

に調べなければならない。

そして、その顧客に適合する以下の４つの戦略をたてるのである。

①　製品戦略（product）……料理・サービス・盛り付け・食材

②　価格戦略（price）……価格・価格構成・仕入れ・原価・割引・諸経費

③　立地戦略（place）……立地条件・店づくり・デザイン

④　宣伝戦略（promotion）……広告・看板・ＤＭ・ウェブ等のＩＴ戦略

製品戦略は、安全・安心な食材を厳選し、美味しい料理を、感動のホスピタリティ・サービスでどのように提供するかを考えることである。

価格戦略は、顧客の満足を得るためには、どの程度の食材原価をかけ、そして売価を設定するかである。

立地戦略は、どのような場所に、どのような規模で、どのようなデザインで、どのような店づくりをするかを考えることである。

宣伝戦略は、顧客に対してどのような販売促進を行い、どのように訴えかけていくかである。

このように、各項目においてどのようなマーケティング戦略を具体的に立案・実行するかで、成果をあげることが出来るかどうかが問われるのである。

3 現代顧客と飲食店

敗戦の荒廃から立ち直り、経済の高度成長を体験し、そして物が溢れる豊かな社会となった現代、少子高齢化が進展し、成熟した社会の中で、現代の顧客をどのように考えればよいのだろうか。

個性化し多様化した現代の顧客を読み解くために参考になるのが、米国の心理学者アブラハム・マズロー（Abraham Harold Maslow 1908―1970）が唱えた、「欲求の5段階説」である。

米国の心理学者アブラハム・マズローは、人間の欲求は、最初は「生理的欲求」や「安全の欲求」という低次元の欲求となるが、低い次元の欲求が満たされてくると、次第に高い次元の欲求を求めるものだと説いた。

図表 4-2　マズローの欲求５段階説

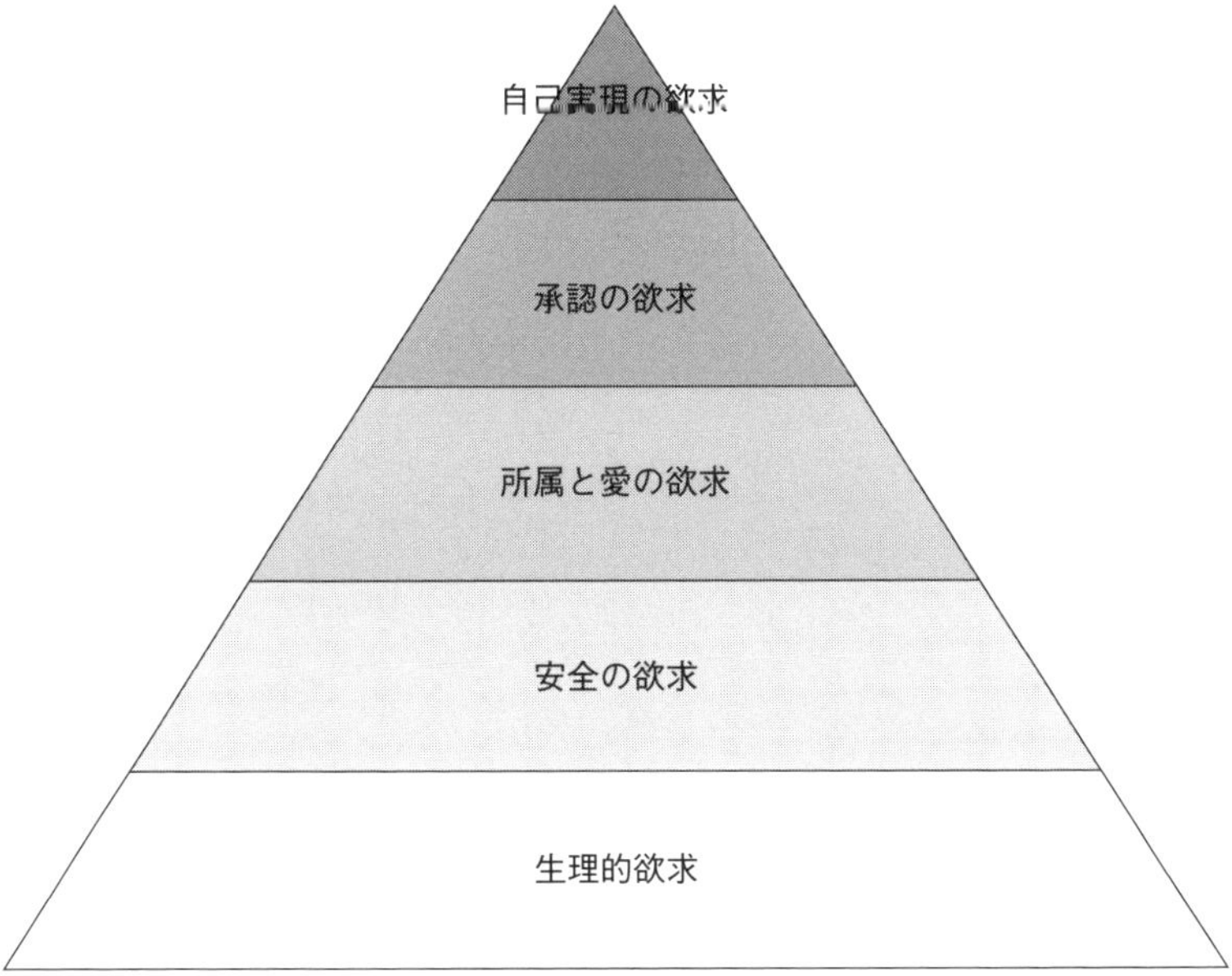

アブラハム・マズローは、人間の基本的欲求を「生理的欲求」から「自己実現の欲求」まで５段階に分けて考えた。人間の欲求は、最初は「生理的欲求」や「安全の欲求」という低次元の欲求となるが、低い次元の欲求が満たされてくると、次第に高い次元の欲求を求めるものだと説いた。

1. 生理的欲求（physiological need）
2. 安全の欲求（safety need）
3. 所属と愛の欲求（social need/love and belonging）
4. 承認の欲求（esteem）
5. 自己実現の欲求（self actualization）

原始段階では、空腹を満たす欲求が最優先される。

次に、衣服と住居の欲求。

これらを「生理的欲求」と呼ぶ。

最低レベルの生理的欲求が満たされると、次に人間は安らかに眠りたいとか、安定的な暮らしがしたいという「安全の欲求」を求める。

それが満たされると、金持ちになりたいとか、良い家柄に生まれたいとか、家族や男女の愛を求める「所属と愛の欲求」の段階へと進む。

それが満たされると、より高次の「承認の欲求」を求めるようになる。

承認の欲求とは、他者から尊敬されたい、人の上に立ちたい、リーダーになりたいという欲求である。

そして最後は、「自己実現の欲求」である。すべてのものが満たされ、すべてが自分の思い通りになるような状態を、自己実現と呼んでいる。

この学説に従うと、物が溢れ、豊かで平穏な現代日本では、顧客は、第４や第５の欲求の次元に到達しているように思える。

２０１２年の現在、安売りや、景品付きセールといった低次元欲求に働きかけるプロモーションに、顧客は思うほど反応しない。

こうした、個性化、多様化した高次の欲求を抱いた現代の顧客に対するには、多数の顧客を同時に対象とするのではなく、一人一人の顧客に対応した、ワン・トゥ・ワン・マーケティング（one to one

「エキュート（改札内商店街）」（JR 大宮駅）
顧客の必要と欲求を満たすため駅改札内に大規模な商店街を設置した

marketing）を実践していく以外にない。

ワン・トゥ・ワン・マーケティングは、従来のマーケティング手法ではなく、顧客一人一人の望みや欲求などを認識し、それぞれ個々のニーズにきめ細かくアプローチする手法のことである。

まず常連客を重視し、そのような常連客を固定客化し、顧客のロイヤルティ（店に対する信頼性）を高める究極のマーケティング戦略である。

ワン・トゥ・ワン・マーケティングを成功させるには、ＩＴを駆使し、顧客のさまざまな情報をデータベース化する必要がある。

これらの顧客情報を活用し、個々の顧客とより親密で、よりきめ細かい関係をしっかり築くことが、真の顧客志向経営に直結する経営手法に違いない。

演習問題 4

次の文章で、正しいものには○、間違っているものには×をつけなさい。

1. ターゲット（市場標的）とは、マーケティング活動の中で、当店と張り合っている競合店のことである。この競合店のニーズを探ることが出来れば、当店の経営も万全である。

2. ワン・トゥ・ワン・マーケティングを実践するためには、顧客の属性（住所・e-mail・性別・世帯・経歴・趣味・好み・来店履歴など）を記録したデータベースが絶対不可欠である。

3. マズローの欲求段階説は、文明が発達した現代では役に立たない考え方であり、今ではあまり重視されていない。

4. マーケティングを実践する場合、まず「顧客の必要と欲求の発見」が必要である。

5. 米国鉄道会社はマーケティング思想を実践したが、自動車との競合に敗れ、現代では衰退してしまった。

【解答欄】

1.	2.	3.	4.	5.

解答 1. × 2. ○ 3. × 4. ○ 5. ×

第5章

飲食店経営の基本原則「QSCA」

1　Q（料理の品質）を磨く

外資系飲食店が、わが国の飲食業にもたらした「QSC」という飲食店の経営原則がある。最近ではこの「QSC」に「A」を加えて、「QSCA」と呼ぶこともある。では、「QSC」とは何か。

＊Q（quality）…クオリティー＝料理の品質

飲食店では、常に素晴らしい「最高品質の料理」を提供しなければならないという意味である。

＊S（service）…サービス＝接客サービス

飲食店では、親切で、気のきいた、それでいて親しみのあるホスピタリティあふれる接客サービスを提供しなければならないという意味である。

＊C（cleanliness）…クリンリネス＝清潔・清掃

飲食店は、顧客の口に入る食べ物を提供している。ゆえに、食中毒など絶対に起こしてはならない。飲食店に勤める従業員一人一人が常に清潔と清掃を心がけ

調理実習の様子（服部栄養専門学校）

ねばならないという意味である。

＊A（atmosphere）…アトモスフィア＝良い雰囲気

いままであげたQ、S、Cが完全に行われていれば、自然に良い雰囲気が店内に満ち溢れる。それが、この「良い雰囲気」という意味である。

料理は言うまでもなく、飲食業の命である。

だから1品1品について、素材から調味料にいたるまで、深い知識と調理技術の追求がされなければならない。それが「Q（クオリティー）」を実現する道である。

しかし、単純に料理の「味」だけではなく、季節感や盛り付け、提供時の演出など、さまざまなアイデアと工夫で、顧客の満足を追求しなければならない。

料理を仕上げ、盛り付けて出すことを、「ディッシュアップ(dish-up)」という。

当然、盛り付けには細心の注意を払い、見た目、彩《いろど》り、温度、香りなどに配慮して、最高の料理を提供しなければならない。

素晴らしいディッシュアップの例

品質の高い料理を提供している飲食店でよく見かける光景に、料理がテーブルに運ばれてきた時に、〝うわ〜っ！〟と顧客が感動の声をあげる瞬間がある。

素晴らしいディッシュアップは、料理を生み出す醍醐味であり、調理する人々のやりがいと満足感が生まれる瞬間でもある。

飲食店の近代化・システム化が進んでくると、飲食店が本来持っていた、こうした〝料理を作る喜び〟や、〝料理を食べる感動〟が失われる危険がある。

人生の幸せの一つに、美味しい料理を前に、親しい人々と、共に楽しく愉快に食事することがある。「Q＝料理品質」の追求は、こうした顧客の人生の喜びのためになされなければならない。

飲食店に従事する者として、ぜひ素晴らしいディッシュアップを心がけてほしいものである。

2 S（接客サービス）の向上

接客サービスの基本は、定型サービスである。

定型サービスとは、〝決まり切ったサービス〟のことである。たとえば、

「いらっしゃいませ」

「お席へご案内いたします」

「ご注文、お決まりですか」

「ご注文を繰り返します」

「かしこまりました」

「少々お待ち下さいませ」

「ごゆっくりどうぞ」

「お味はいかがでしたか」

「お会計致します」

「○○円でございます」

「○○円お預かりいたしましたので、○○円のお返しでございます」

「ありがとうございました。またどうぞお越しくださいませ」


という一連の接客サービスの基本用語と動作、態度のことである。

ホールで接客を担当する者は、この基本をしっかり覚えなければならない。何度も練習し、自然に出てくるように訓練しなくてはならない。

よく、〝マニュアル的なサービスには反対だ〟という意見を聞くが、それは違う。基本は基本で、当たり前のように出来なくてはならない。

〝マニュアル的〜〟と批判するのは簡単だ。しかし、基本も何もなく始めた場合、レストランの運営に大混乱が生じる。

この定型サービスを基本に、応用へと進まなくてはならない。

　定型サービスの次の段階が〝ホスピタリティ・サービス〟である。

　「ホスピタリティ」というのは、ホスピタル（＝病院）を語源とした用語で、傷ついた人や病んでいる人に、ただ手術や薬で治療を施すだけでなく、親切に優しく接することで、患者が精神的に癒され、自然に病気が治っていく。そういう行為を〝ホスピタリティ〟と呼んでいる。

　では具体的にどうすれば良いのか。

　顧客に優しく接し、ていねいに、親切に接することによって、ホスピタリティは生まれる。

専門学校におけるサービス実習
（服部栄養専門学校　西洋料理サービスマナー担当森島孝文先生）

　ホスピタリティ・サービスを高めるには、いつも顧客への目配り（顧客の変化に気づくこと）を忘れないことだ。

　〝お子様用の小皿が必要だ〟と気づいたら、さっと小皿を持っていく。ドリンクのお代わりが欲しそうだ……と察知したら、すかさず〝御飲み物のお代わりはいかがですか？〟と聞く。食後に薬を飲まれる方に、〝お薬用のお水をお持ちしましょうか？〟と話しかける。

コミュニケーションが不足しがちな現代の世の中で、飲食店におけるこうした心のこもったサービスは、顧客から大きな支持を受け、料理の味を一層引き立たせる役割を持つ。

ゆえに、くつろいでいる顧客の邪魔をせず、笑顔で声をかけ、親切・ていねいに接し、常に気配りすることで、親密な人間交流が生まれ、最終的にはホスピタリティへと発展していくのである。

3　C（清潔・清掃）の維持

清潔でいつも衛生的な状態に保つことを、クリンリネス（cleanliness）と呼ぶ。

クリンリネスがなぜ大切なのかというと、それは飲食業が食べ物を扱う商売だからである。

食中毒事件など、最近は食に関するさまざまな事件が話題にのぼる。顧客の関心も高い。

飲食店にたずさわる人々の、食品と衛生に対する厳しい姿勢こそが、飲食店経営の成功の第一歩である。

衛生に対する気配りが感じられないような、そんな不潔な飲食店はもう顧客に支持されない。

清潔さを保つには、手の空いたときに、いつも周りをきれいにする習慣を身につけることだ。

この習慣づけを「clean as you go」という。クリーン＝清掃、アズ＝～と同時に、ユーゴー＝あなたが動く、常に自分が動いて清掃するという意味である。

つまり〝仕事をしながら、周りをいつもきれいにしましょう〟ということだ。

水道の水を出して水がはねた。そしたら水を止めて周りをきれいに拭く。

野菜の仕込みが終わったら、野菜くずや包装紙・段ボウルなどすぐに片付け、周りをきれいに拭いておく。

汚れたら、すぐにさっと清掃する。これが、「clean as you go」だ。

このように、常に掃除をする習慣づけを徹底すると、汚れの70％は解消し、閉店後の大がかりな掃除も、軽くて楽なものになるはずだ。

もう一つ、「整理整頓」を心がけることだ。それには「定物・定位置管理」を徹底することだ。

調理器具はここ、調理の刃物類はここ、ボウルはここ、お膳はここ、食器はここ、清掃道具はここ、ホールで使う備品はここ、洗剤の置き場はここ、レジ締めに使用する文具はここ……と、店で使う道具のすべての置き場所をきちんと決め、使い終わったら常にその場所に即返却する。これを

清潔で整理整頓された調理実習室（服部栄養専門学校）

「定物・定位置管理」という。

このことが徹底できれば、整理整頓の８割は達成できる。

〝ほんのちょっとの間だから……〟という気持ちで刃物などをまな板の横に放置すると、重大な事故につながりかねない。

家庭ではそれでもかまわないが、ここは不特定多数のスタッフが働く調理場である。誰かがケガをしてからでは遅いのだ。

整理整頓は、効率的な清掃を可能にし、短時間で、少ない労力で、スカッとした店を実現することが可能となる。

以上、「ＱＳＣ」に関して述べた。これらのことを実践し、レベルの高い飲食店の運営が行われていれば、独特の素晴らしい雰囲気が生まれてくる。

これが「Ａ（atmosphere）…アトモスフィア＝良い雰囲気」である。

ゆえに、「Ａ・アトモスフィア」は、「ＱＳＣ」がきちんと行われているかどうかを測る物差しでもあり、飲食店が理想とする究極の姿なのである。

定物・定位置管理された調理実習室（服部栄養専門学校）

演習問題5

次の短文を読み、「QSCA」のどれに当てはまるのかを判断し、解答欄に番号を記入しなさい。

① 「ディッシュアップ（dish-up）」時は、美味しさはもちろん、栄養にも気を配らなければならない

② 仕事をしながら、周りをいつもきれいにしましょうというのが、clean as you go（クリーン・アズ・ユーゴー）である

③ 器具を使い終わったら、常に元の場所に即返却することを、「定物・定位置管理」という

④ 「ホスピタリティ」というのは、ホスピタル（＝病院）を語源とした用語である

⑤ 料理がテーブルに運ばれた瞬間、顧客の感動する声が聞こえる

⑥ くつろいでいる顧客の邪魔をせず、笑顔で声をかけ、親切・ていねいに接し、常に気配りする

⑦ 「QSC」がきちんと行われているかどうかを測る物差しである

⑧ Q、S、Cが行われていれば、自然に良い雰囲気が店内に満ち溢れる

【解答欄】

Q		S	
C		A	

解答　Q ①⑤　S ④⑥　C ②③　A ⑦⑧

第6章

飲食店の立地
―立地診断の基礎知識―

1 さまざまな飲食店の立地

〝立地〟という言葉はよく聞くが、その意味を正確に答えられる人は少ない。

立地とは、その飲食店が〝置かれている社会・経済環境のこと〟をいう。来店する顧客の欲求が、自店の料理やサービスと適合しているかどうかで、〝ここは良い立地だ〟とか、〝この立地は自分の店にとってあまり良くない〟などと評価される。

飲食店は、都市（多くの人々が暮らす街）の中心地または、郊外に立地している。

都市には商店街が形成されている。

商店街は、その成り立ちから門前町（有名な神社や寺の門前に出来た商店街）、市場通り（交易が盛んで頻繁に大規模な市が開かれ商店街に発展）、城下町（城下に形成された大規模な商店街）などの特徴を持っている。

たとえば門前町は、有名な寺社仏閣を中心にして町が形成されているため、観光客や参拝者が多く、土地の郷土料

大勢の人が通る商店街（JR 中野駅前サンモール商店街）
そこが飲食店に最適な立地かどうか見極めるのは難しい

理や土産物、観光客の休憩場所としての飲食店が求められる。

例を挙げると、神奈川県鎌倉市や長野市善光寺の商店街、東京巣鴨地蔵通り商店街がそれである。

市場通りでは、生鮮食品や食品を買い求める買い物客が多く、その周辺に立地する飲食店には、新鮮な魚介類の料理や鮮度を重視した食事メニューが求められる。たとえば、東京都築地市場通りがそれである。

城下町は、現在官庁街になっている場所が多く、商店街にはビジネスマンやいろいろな用事のために来街した顧客が多く、打ち合わせのための喫茶店、ランチのための定食屋、うどん・蕎麦・ラーメン・牛丼など男性向け飲食店が繁盛している。

東京都丸の内、八重洲周辺、神田、新橋などがそれに当たる。

こうした歴史と伝統のある商店街とは別に、新しく開かれた商店街もある。駅前商店街である。

駅を中心に発展した商店街の場合は、便利さが求められ、主にファストフードやカフェが多く立

門前町商店街の典型的な例（東京巣鴨地蔵通り商店街）

地している。

また都市を離れて郊外へ目を向けると、そこには道路沿い（郊外ロードサイド立地と呼ぶ）にファミリーレストランや回転寿司など、郊外の住宅地に住む家族客狙いの飲食店が数多く出店している。

飲食店が単独で店を出店しているばかりではない。

商業施設として駅ビルや、郊外の大型のショッピングセンター内に出店している場合も多い。

このように「立地」にはそれぞれ特徴があり、それぞれの立地に適合する飲食店もまた、千差万別である。

ゆえに、一概に〝飲食店向けの良い立地〟といえる場所はない。

その立地の特徴と、そこにやって来る顧客の要望に適合した立地こそが、良い立地だといえるのである。

2 立地調査の知識と手順

立地を調べるには、その立地に関わる以下の資料を収集し、分析、検討しなければならない。
①人口統計データ、②商圏状況、③立地の特徴と顧客層、④競合店の状況、⑤自店の強みと弱

み、などである。

これらの資料をもとに分析し、この場所に飲食店を出店しても経営が成り立つかどうかを判断するのが立地調査である。

通常、チェーン店などでは、ベテランの開発担当者がこうした資料を収集し、出店した場合の売上予測と損益計算書を添えて、会社の重役会に提出し、出店するかどうか検討する。

①人口統計データ

これは地域の行政（市役所、町役場など）窓口で知ることが出来る。一般には「人口動態調査」といい、行政で毎月速報を無料配布している。

②商圏状況

「商圏」とは、自店に来店する顧客がやって来る範囲のことをいう。出店する飲食店の規模と業種・業態によって、商圏の大きさは違ってくる。

客席数１００席、年間売上高1億円以上を狙う大型飲食店の場合は、商圏範囲は半径５キロメートルとなる。客席数50席なら半径３キロメートル、客席数25席以下なら半径1キロメートルの範囲を商圏とする。周辺の住宅地図（個人宅まで記されている詳しい地図のこと）を貼り合わせて商圏地図を作り、人口データを書きこみ、商圏内人口を計算する。

③立地の特徴と顧客層

図表６―１のように、立地を分類し、その立地の顧客層を分析、その顧客層が、当店が目標に

図表6-1　立地別の特徴と客層、出店している物販店と飲食店

立地の特徴	客層の特徴	店舗	出店している物販店と飲食店
駅前、駅に近い通り	通勤・通学客 買物客 商用客 通行人	物販店	駅ビル、コンビニエンスストア、各種専門店、食品スーパー、100円ショップ、遊技場
		飲食店	ファストフード、牛丼、蕎麦・うどん、ラーメン店、喫茶店、カフェ、居酒屋、カラオケ、
商店街の中央通り、大型商業施設周辺	買物客 商用客 通行人	物販店	各種専門店、大型スーパー、百貨店、遊技場、
		飲食店	居酒屋、高級レストラン、老舗高級飲食店、蕎麦・うどん、喫茶店、カフェ
商店街の裏通り	遊興客 飲み会など目的客 通行人	物販店	物販店はほとんど無く、居酒屋やゲームセンターなどの遊技場
		飲食店	居酒屋、焼肉屋、立ち呑み屋、小規模な喫茶店、BAR・スナック、飲み屋
商店街のはずれ	生鮮食品買物客 通行人	物販店	コンビニエンスストア、食品スーパー、100円ショップ、生鮮市場、食品店
		飲食店	小規模な個人経営レストラン、小規模な食堂、BAR・スナック
住宅街	主婦 子供	物販店	コンビニエンスストア、総菜店など物販店は少ない
		飲食店	出前などの宅配デリバリーなど、飲食店は少ない
郊外ロードサイド、幹線道路やバイパス沿い	ドライバー 買物客 商用客 観光客	物販店	周辺には、大型スーパー、ホームセンター、各種大型専門店多数
		飲食店	大型飲食店、ファミレス、回転寿司、焼肉店、ラーメン店、各種飲食店多数
郊外ロードサイド、生活道路沿い	ドライバー 商用客 買物客	物販店	周辺には、コンビニ、紳士服、靴、インテリア、レンタル店、スポーツ店、リサイクル、大型100円ショップ
		飲食店	ファミレス、ファストフード、牛丼、回転寿司、焼肉店、ラーメン店等多数
大型商業施設内	買物客 遊興客 商用客	物販店	大型ショッピングセンター アウトレットなど
		飲食店	テナントとして、各種流行の飲食店が多数入居、フードコート多数
中型・近隣商業施設内	買物客 近隣住民	物販店	食品スーパーやホームセンター
		飲食店	小規模ファストフード、フードコート

しているターゲット（市場標的）なのかどうかを判断する。

次に、主要な誘客施設（大型店、商店街、市役所、会館、大病院、大学など）を調べ商圏地図に記入していく。

次に、トラフィック・ジェネレーター（交通機関のこと、以下ＴＧとする）をチェックし、乗降客数を駅などで聞いて調べておく。

そしてＴＧからの人の流れ（動線）を、マジックで商圏地図に書き込む。太いマジックは人通りが多い動線、細いマジックは人通りが少ない動線として記入する。人通りが無いような場合は書き込まない。

④競合店の状況

当店の商圏範囲にある、当店と競合するライバル店を探し出し、店舗面積、客席数、価格帯、料理内容など営業内容を調べる。一番のライバル店は「赤」、二番目のライバル店は「黒」、三番は「青」で商圏地図に書き込む。

⑤自店の強みと弱み

当店をライバル店と「ＱＳＣ」面で比較して、どちらが強いか弱いかを表にして検討する。それが図表６―2の当店とライバル店との「ＱＳＣ」比較表である。その結果、ライバル店が圧倒的に強い場合、出店を見合わせる決断をしなくてはならない。

以上に述べたように、立地調査は時間と手間がかかり、大変に面倒で厄介な作業である。

図表6-2　当店とライバル店との「QSC」比較

店舗名	店舗概要	強		弱		当店との比較
当店	面積 席数 価格帯 内容	Q		Q		
		S		S		
		C		C		
店舗名	店舗概要	強		弱		当店との比較
ライバル店① (　　　　)	面積 席数 価格帯 内容	Q		Q		
		S		S		
		C		C		
店舗名	店舗概要	強		弱		当店との比較
ライバル店② (　　　　)	面積 席数 価格帯 内容	Q		Q		
		S		S		
		C		C		
店舗名	店舗概要	強		弱		当店との比較
ライバル店③ (　　　　)	面積 席数 価格帯 内容	Q		Q		
		S		S		
		C		C		

＊以下、必要に応じて表を加える

しかし、こうした作業をせずに、〝勘と度胸〟で立地診断を行うと、後で経営不振となり、ついに閉店……という厳しい現実が待っている。

そうならないためにも、特に新規出店の場合は、慎重に調査してほしい。

この立地調査は、既存店の見直しにも役に立つ。既存店の業績が振るわない場合、もう一度原点に帰って、当店の立地を調べ直してみることも重要だ。

その結果を、既存店の改装に活かし、不振店が見事よみがえった例もある。

3 立地を診断し、売上を予測する

さて資料がそろったところで、立地の診断と判定に進もう。

①人口統計データ、②商圏状況、③立地の特徴と顧客層、④競合店の状況、⑤自店の強みと弱みのデータを見ながら、総合的に立地を判断する。

商圏内人口が半径５キロメートルで５万人以上いる場合でも、その人口の中に当店のターゲット（市場標的）がどのくらい存在しているかで判断は違ってくる。

また、商圏人口が半径５キロメートルで１万人しかいなくても、ＴＧ（交通機関）の乗降客が15万人もいれば、飲食店の経営は成り立つ可能性がある。しかし、その場合、ＴＧからの人の流れ（動線）に沿って物件が存在しないと難しい。

また、人口が少なく、有力な誘客施設やＴＧもない場合でも、ライバルに対して圧倒的に強い「ＱＳＣ」を保持していれば、当店は遠くから顧客を呼び繁盛させることもできる。

立地診断は総合的な判断力が要求されるので、ぜひ専門家に問い合わせて、最終判断をしてほしい。

図表６—３に、一応の目安となる立地診断判定表を掲載したので、参考にしてほしい。

売上予想であるが、商圏内人口から購買力を計算し、競合店との関係から売上予測は出来るが、

図表6-3　立地診断判定表

診断項目	5点	3点	1点	評価点
人口　半径1km	1.5万人以上	1万人以上	1万人以下	
人口　半径5km	4万人以上	2万人以上	2万人以下	
人口増加率	3%以上	1%以上	減少	
世帯当たり人数	2.5人以上	2.0人以上	2.0人以下	
標的顧客層	多い	あまり多くない	少ない	
誘客施設	多い or 近い	あまり多くない	少ない	
誘客施設種類	強力な集客力	それなりに集客	集客力が低い	
TGまでの距離	TG非常に近い	歩いて5分以内	歩いて10分以上	
乗降客数（1日）	10万人以上	5万人以上	5万人以下	
TGの種類	JRと私鉄	JR駅のみ	私鉄駅のみ	
主動線	主動線沿い立地	主動線に近い	主動線から遠い	
店前通行量	多い	並み	少ない	
車両通行量	多い	並み	少ない	
周辺家賃相場	高い	並み	低い	
競合店	強い店が無い	強い店がある	強い店が多い	
自店と同業種	多い	普通	少ない	
自店の「Q」	高い	並み	低い	
自店の「S」	高い	並み	低い	
自店の「C」	高い	並み	低い	
自店スタッフ	レベル高い	普通並み	新人が多い	
合計点（60点以上が合格点）				
所見：出店可能性				

＊家賃相場の高いほうが点数が大きいのは、周辺飲食店が繁盛している証拠。
＊同様に、自店と同業種が多いのは、周辺で同業店が繁盛している証拠。

図表６-４　内部効率から導いた簡単な売上予測例

例：都心ビジネス街に立地した、15坪の居酒屋
　　立　地　駅前ビル２階
　　客席数　25席
　　客席回転　２回転
　　客単価　2,500円（夜間のみ営業）
店前通行量　1,600人
　　営業時間内（17：00～23：00）
　　20歳以上の男性サラリーマンのみ対象に調査
　　立寄り率　3%（経験値）
計算
　　①　店前通行量×立寄り率×客単価
　　②　客単価×１日予想来店客数
　　③　客席数×予想客席回転率×客単価
　　④　{①＋②＋③}÷３

結果　予想売上高（１日）　12.2万円
　　　予想売上高（月間）約300万円

あまりにも複雑で難解なので、ここでは簡単な方法で売上予測を行う。

　売上予測は、その候補物件の立地条件が一定の水準を越えていれば、小規模店舗では内部効率（客単価×客数、店前通行量から立寄率、客席回転数×客単価）から導き出すのが現実的である。

　まず、物件の坪数から席数を割り出す。

　標準は1坪あたり2席で、図表6―4の事例の場合は、店舗面積15坪だから本来なら30席だが、ゆったりした環境を作るために25席とした。

　次に、予想客単価と時間帯別来店客数を予想する。

　これも、店前通行量のカウントは、ターゲット客層だけに絞りカウントする。

　次に、立寄り率を算出するのだが、これは業界の経験値3％とした。

　各項目を計算し、平均値を出すと予想売上高が

図表 6-5　損益分岐点売上高の計算例

計算式
　　固定費÷（1－変動比率）
固定費内訳
　　人件費　85 万円
　　福利厚生費　15 万円
　　家賃　20 万円
　　水道光熱費　15 万円
　　備品消耗品　2 万円
　　販売促進費　6 万円
　　雑費　2 万円
　　減価償却費　20 万円
変動費内訳
　　使用食材比　35%

結果　損益分岐点売上高（月間）約 254 万円

＊この場合、予想売上高が損益分岐点を大きく上回っているので、出店は可能である。

算出できる。

　最後に、損益分岐点売上高を計算する。

　損益分岐点売上高（break-even point）」とは、〝これくらい売らないと利益が出ない〟という「損失」と「利益」に分かれる、ギリギリの売上高のことである。

　損益分岐点売上高は、以下のような計算式で求められる。

「損益分岐点売上高＝固定費÷（1－変動比率）」

「変動比率（商品原価率）＝変動費÷売上高×100％」

　固定費とは毎月必ずかかる費用で、人件費、福利厚生費、家賃、水道光熱費、備品消耗品費、その他雑費、減価償却費（投資回収費）などのことをいい、これらが固定費と呼ばれる。

　変動費とは、魚や肉や野菜、調味料などの使用食材費のことである。それらを計算式に代入し、損益分岐点売上高が算出される。

立地診断をして、予想売上高を計算し、損益分岐点売上高を計算し、両方の数値を見比べて、売上予測が大きく勝っていれば、新規の出店は可能と判断して良い。

だが、予想売上高が低く、なおかつ損益分岐点売上高を超えない場合、出店してはならない。

自店の本当の強さは、開店してみなければわからないが、無理な出店は後から後悔するので慎重に判断することが望ましい。

飲食店の立地に関して述べてきたが、この分野は大変難しい経営知識である。ゆえにわかりやすく述べたつもりだが、理解しにくい部分もあったと思う。皆さんの今後の勉強と研究に期待したい。

演習問題6

次の語句と関連する用語を結びつけ、解答欄に記号で答えなさい。

【語句】

1. 商圏
2. 商業施設内出店
3. 損益分岐点売上高計算
4. TG（トラフィック・ジェネレーター）

【用語】

A. 交通機関のこと
B. 神社や寺の門前に自然発生的に形成された商店街
C. 固定費÷（1－変動比率）
D. 駅ビルや大型のショッピングセンター内に出店していること
E. 自店に来店する顧客がやってくる範囲のこと

【解答欄】

語句	1.	2.	3.	4.
用語				

解答　1. E　2. D　3. C　4. A

第7章

飲食店のデザイン、建築、店舗構造とレイアウト

1 流行のデザインと実用性

飲食店のデザインは、流行り廃りが激しい。

そのため、流行のデザインやその時代の風潮に影響を受けやすい。

最近の店舗の流行デザインに、天井裏むき出しの〝スケルトン（コンクリートの打ちっぱなし仕上げ）〟スタイルがある。

これは、全面灰色で無機質、見た目が非常にかっこ良いデザインで、都会的なカフェなどにこのデザインが多い。

通常天井は天板でふさがれているが、スケルトン構造だと、この天板を撤去し、天井高が４メートル以上になり、問題もある。

スケルトン構造を導入すると、暖かい空気は対流現象を起こし、天井高くにいってしまい、客席はどれだ

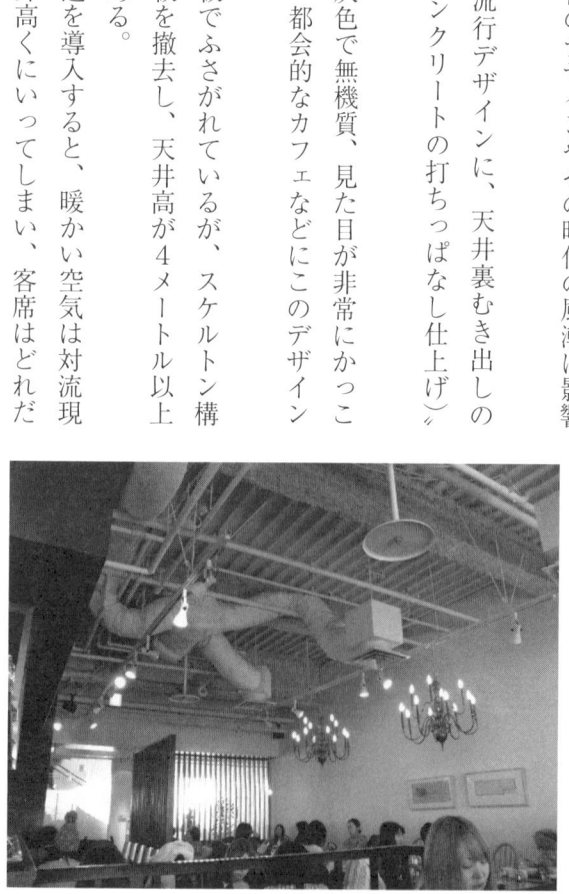

天井や排気ダクトがむき出し（スケルトン仕様）のカッコ良いデザインの店内

け暖房をかけても温まらない。

冬季は冷え過ぎて顧客から苦情がでかねない。顧客ばかりではない。コンクリート打ちっぱなし構造は底冷えするので、女性従業員の体調に影響する。

暖房はもちろんだが、夏季の冷房の場合も冷気が床付近に滞留するために、サーキュレーター（空気攪拌機）を使っても大した効き目はない。

結果、足元に暖気を入れるために床暖房など無駄な設備投資をして、ますます電気使用量の増大に拍車をかける。

冷暖房の費用だけではない。４メートルもある高い天井付近をどのように掃除すればよいのか。蜘蛛の巣などができても、掃除することなど滅多にできない。

では、天井を低くすればよいかというと、それは出来ない。

高い吹き抜け天井はカッコが良い。そのセンスの良さで、大きな集客効果がある。それを無視するわけにはいかない。

販売効率一辺倒の単純でおもしろ味のないレイアウトで出来上がった飲食店は、豊かさを経験した顧客には見向きもされない。

最近よく見られる個室の多い店も、エアコン効率を著しく悪くする。なぜなら、個室の壁が、冷気や暖気の店内流通の障害となるからだ。

また個室は、ホールのオペレーション（運営）を極端に悪くする。

顧客がどこで呼んでいるか、追加注文が何番テーブルから来ているのか、個室を逐一訪問してみなければわからないことが多いからだ。

では、店のすみずみまで見渡せるような店が好まれるかといえば、それらは一時代昔の古い店舗デザインであり、もうカビが生えた過去のスタイルだ。

それでは、今の顧客は呼び込めない。

流行をとるか、実用性をとるかは、店舗経営戦略と深く関わっている。

店舗デザインは、デザイナー任せにせず、飲食店を経営する側の意思を、デザイナーに明確に伝えなければならない。

仕事がしやすく、従業員の身体も疲れない実用性の高い店づくり。一方、顧客に配慮したあっと驚くような最新型のデザインを目指したい。そのためにも設計時には、十分な打ち合わせが必要である。

2 飲食店に必要な設備と構造

住宅と店舗とでは、建築構造そのものが違う。

住宅は、用途が「住居」と法律で決められ、住宅以外に使用してはならない建物なのだ。もしも住宅を飲食店に改造する場合には、「用途変更届け」を役所に出さなければならない。

■給排水設備

住宅を飲食店に変更する場合、特に問題になるのが「浄化槽」だ。１日に出入りする顧客の数に応じて（人槽計算）、浄化槽を設置し直すことが役所から指導される。

都市部では、下水道直結で汚水を放流するが、下水道使用料金を一般家庭用から業務用に変更しなければならない。

飲食店は、一般住宅の数十倍の電気・ガス・水道の給排水設備を必要とする。

事務所用に作られたオフィスで飲食店を開業する場合、電気容量は電気会社に話して増設することは容易だが、排水は事務所用配管では細すぎて使用に耐えない。ゆえに、直径10センチ以上のパイプに入れ替えなければれ

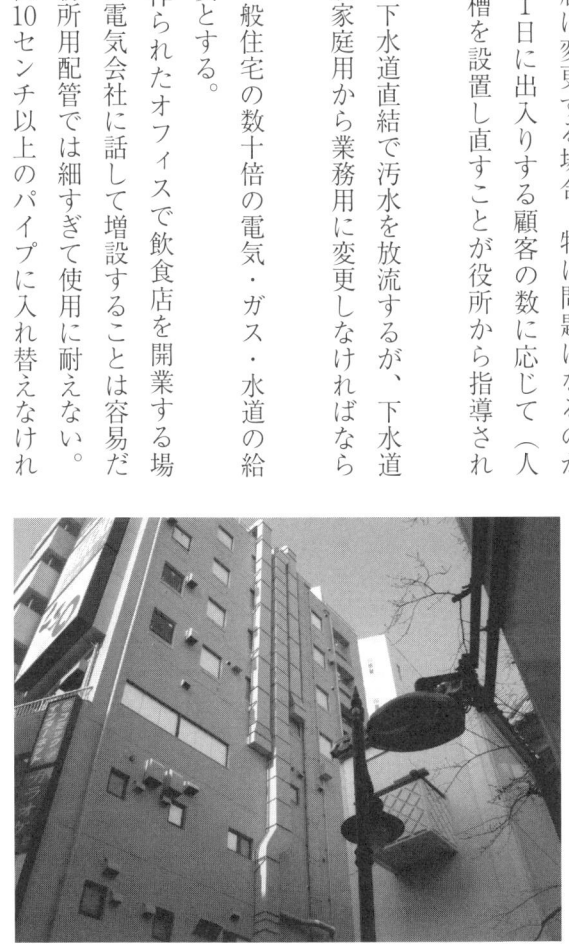

屋上まで飲食店の排気を吸い上げる排気ダクト

ばならない。

排気ダクトも工事が必要だ。

10階建てビルの1階に出店したような場合、その屋上まで排気ダクトを延伸し、屋上にコンプレッサー（モーターで空気を吸いあげる機械）を設置し、汚れた空気を屋上の空中に放出するために、屋上まで引っぱり上げねばならない（前頁写真参照）。

業務用大型冷蔵庫や冷凍庫、製氷機、食器洗浄機などは、モーター（動力）で動いている。そのために、電力会社と「動力使用契約」を結ばなければならない。

このように、飲食店の基本設備は、電気・ガス・水道に関するさまざまな給排水設備と装置で成り立っており、かなり専門的な知識が必要なので、設計者や建設会社の担当者によく聞いて勉強することが必要である。

■ゾーニング（キッチンとホールの配分）

キッチンとホールの配分比率であるが、およそ4対6くらいの面積比で考えるのが適正だといわれている。

飲食店は、料理をサービスする場所である。狭いキッチンでは、満席になった場合、顧客に料理が出せなくなる。

特に注意したいのが、喫茶部門。

売上が伸びないので、喫茶店でランチを提供しようとした場合、喫茶用の狭いカウンター内では本格的な料理は作れない。そのためにたとえ喫茶部であっても、キッチンは余裕のある面積配分を心がけてほしい。

ゾーニングでもう一つ注意したいのが、「動線」である。

従業員と顧客の動線、従業員同士の作業動線のことである。

設計図ができあがる前に、設計者の立ちあいのもとに、入口・客席・キッチン・トイレ・レジ・バックヤードなど、必要な機能を店舗内にどう位置づけるのかを、平面図をよく見ながら打ち合わせる必要がある。

顧客と従業員、従業員同士の動線が、衝突することがないように、十分に配慮したレイアウトにしてもらいたいからである。

3　キッチンの構造

調理場（キッチン）には、大きく分けて２つの作り方がある。「アイランド型」と「バックアップ型」である。

図表7–1　アイランド型キッチンとバックアップ型キッチン

アイランド型キッチン

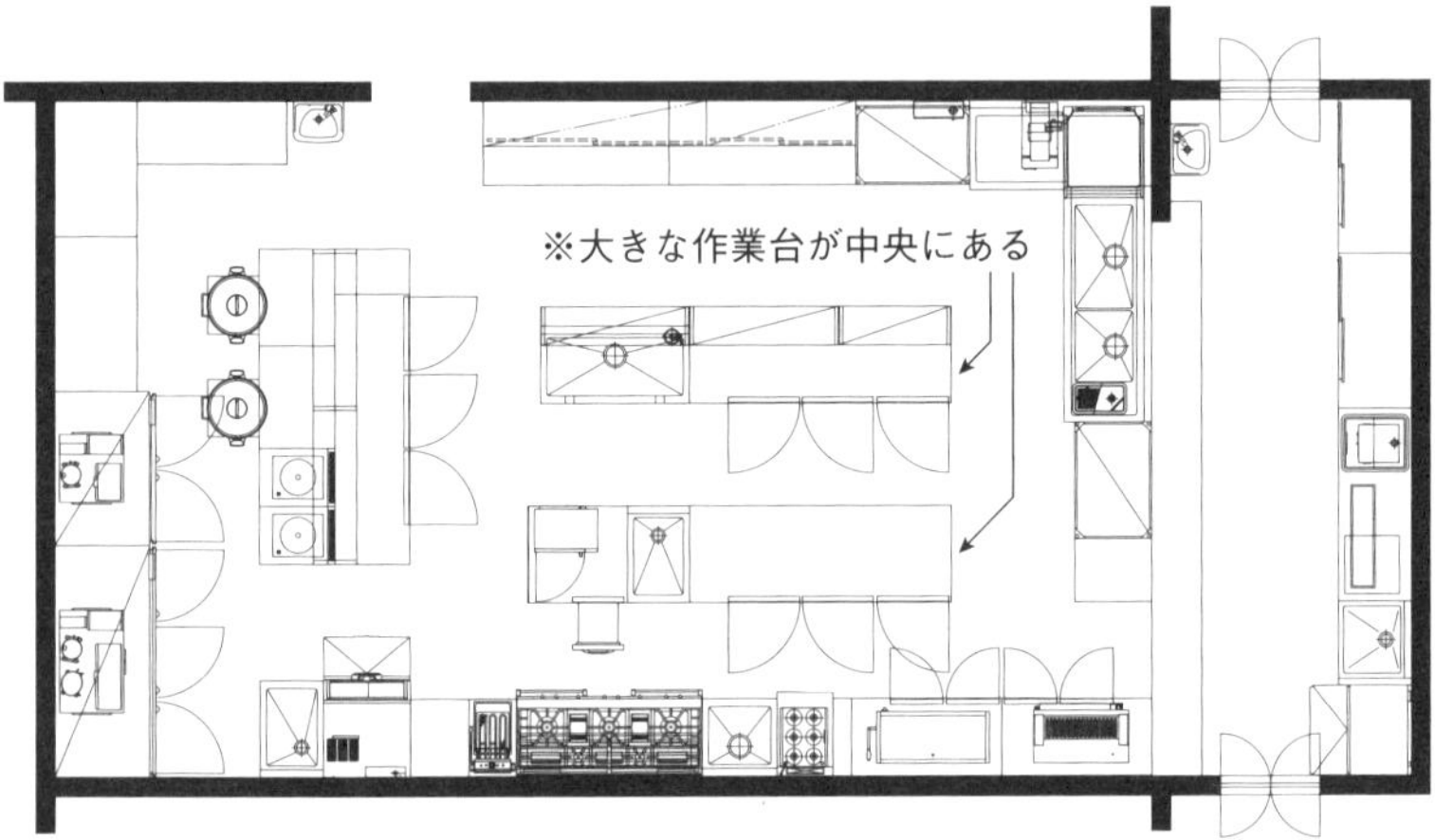

過日の日本の飲食店のほとんどがこのスタイルであったが、作業の合理化がはかれないので、現在は少なくなりつつある。

バックアップ型キッチン

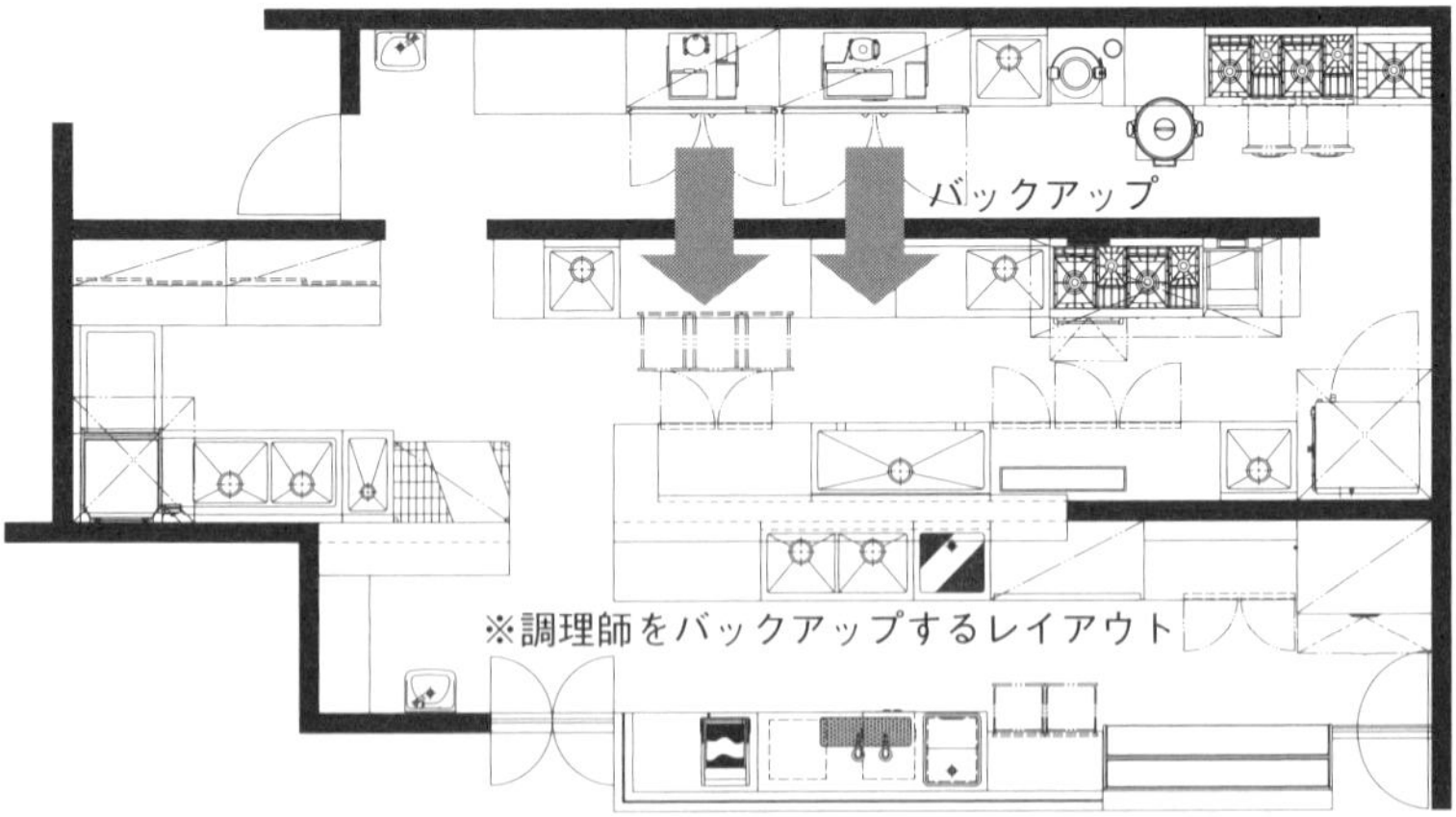

現在は、このバックアップ型が多くなっており、中心で調理している調理師を各セクションがバックアップするスタイルになっている。

■アイランド型キッチン

アイランド型は、フランス料理店などでみられるような、調理場の真ん中に大きな作業台を置いて、その作業台中心に調理をするスタイルのキッチンである。

過日、日本の飲食店のほとんどが、このアイランド・スタイルであった。

このアイランド型は、真ん中に大きな作業台があるために、調理作業のたびにグルッと反対側へまわりこまなければならず、作業の合理化が図れないので、最近は敬遠されつつある。

■バックアップ型キッチン

バックアップ型とは、アメリカのレストランチェーンから学んだスタイルで、料理をディッシュアップするキッチンカウンターに向きあって調理するスタイルである。

本来は、キッチンカウンターの、その後ろにもう1つの仕込み調理場があり、ここで仕込んだ食材を、前のキッチンに送りだし、最終調理作業を支援（バックアップ）する構造である。

ファミレスやファストフードは、ほとんどこのバックアップ型である。

■ドライキッチン（乾燥調理室）

そして現在、床に水を流さない「ドライキッチン」が多くなった。

ドライキッチンは、細菌の増殖を抑える面と、滑らないという安全面でも好評である。保健衛生

図表7–2　ドライキッチンの利点（画：下条久美子）

今までのキッチンは、床下にドレインという排水溝を設置して、掃除の時に水を流しながら掃除した。そのため、床はコンクリートで水浸し、長靴を履いての重労働だった。

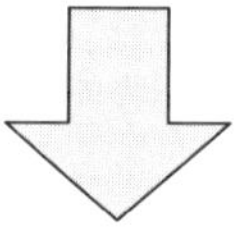

現在は、床に排水溝はなく、水を流さないために、いつも乾いたドライキッチンで仕事ができて、非常に調理作業がしやすく身体も疲れなくなった。

の面からも、今後はこのドライキッチンが増大すると考えられている。

ドライキッチンは床がコンクリートではないので、身体が冷えず疲れないという利点もある。

■オープンキッチン（解放型調理室）

最近は、調理している姿が客席から見える「オープンキッチン」が多くなった。

オープンキッチンは、〝調理作業が見えて楽しい〟エンターテインメントな面と、〝衛生的で綺麗な調理場〟を顧客にアピールし、安心・安全を訴える２つの面がある。

顧客は、プロの調理師が手際よく調理する姿に憧れを抱いている。仕込まれた食材が、あっと驚くほど美しくディッシュアップされた一皿となって出来上がるのを、まるで手品を見ているように見学している。

一方、手際が悪く、不衛生なキッチンをオープンキッチンにすると、顧客が店の悪い面を直に見せられるので不快な気分になりやすい。

新規に飲食店を開業しようとする場合、資金に限りがあるため、経済面と使い勝手の双方を考えて、バックアップが良いのか、オープンが良いのか、その他最新のデザインが良いのかなど、よく考えて決定すべきである。

4　大型調理器具

新しい調理器具として、スチーム・コンベクション・オーブンを紹介したい。

コンビネーションレンジのことで、ガス高速オーブンに、電子レンジの機能が内蔵されたものである。

ガスオーブンと、電子レンジの複合機と思えば良い。ガスオーブンの外部加熱と、電子レンジの内部加熱、そして水蒸気による調理法を併せ持った優れた調理機械である。

これ1台で、焼く、蒸す、揚げる、加熱する、煮るなどすべて出来て、料理の幅が広がり、時間も短縮できる。

だが、操作が複雑なので慣れるまでには時間がかかる。

単価はかなり高額だが、人件費削減などを考えた場合、今後はなくてはならない調理器具であるといわれている。

次は、食器洗浄機。

飲食店で一番大変な作業といえば、洗い場である。

この〝洗い作業〟を大きく合理化してくれるのが食器洗浄機だ。

浄化槽や排水の問題があり、簡単に設置できない店もあるが、作業の軽減という意味では、ぜひ導入をお勧めしたい。

スチーム・コンベクション・オーブン
煮る、焼く、蒸す、揚げるが1台でできるスーパー電子レンジ

この章では、建築とデザイン、キッチンの構造、調理器具などに関して述べてきた。調理師の方にとっては、慣れない用語が飛び交う、別世界のように思えるかもしれないが、非常に重要な知識である。

今後、プロの調理師として人生を歩む以上、これらの知識は欠かせないものと考えてほしい。わからないことなどあれば、設計者やデザイナーによく質問し、最新型のモデル店など見学し、貪欲に最新知識を吸収して、新しい店づくりに活かしてもらいたい。

演習問題 7

次の文章に適した用語を解答欄に記入しなさい。

① 住宅は法律で、用途が「住居」と決められ、住宅以外に使用してはならないと定められている。もし住宅を飲食店に改造する場合は、役所に出さなければならない書類がある

② ガスオーブンと電子レンジの複合機のようなもので、ガスオーブンの外部加熱と、電子レンジの内部加熱、そして水蒸気による調理法を合わせ持った優れた機械である

③ フランス料理店などでみられるような、調理場の真ん中に大きな作業台を置いて、その作業台中心に調理をするスタイルのキッチン

④ 全面灰色で、無機質、見た目かっこ良いデザインで、最新流行のカフェなどにもこのデザインが多いが、女性スタッフには足元が冷え過ぎると不評

⑤ アメリカのレストランチェーンから学んだスタイルで、料理を出すキッチンカウンターに向きあって調理するスタイルのキッチンである

【解答欄】

①	②	③	④	⑤

解答　①用途変更届、②スチーム・コンベクション・オーブン、③アイランド型キッチン、④スケルトン構造、⑤バックアップ型キッチン

第8章

メニュー開発と調理

1 こだわりの看板メニューを持つ店が繁盛する

繁盛している飲食店や、100年続く老舗の飲食店には、必ずと言っていいほど〝名物メニュー〟が存在する。

そのお店の一番の売れ筋である、看板メニュー（flag-ship menu）のことだ。

たとえば、新宿中村屋の「印度カレー」、名古屋の山本屋総本家の「味噌煮込みうどん」、東京銀座の天国の「かき揚げてんぷら」、東京浅草の駒形どぜうの「柳川鍋」など、この店ならこの料理という看板メニューのことである。

飲食店を開業して繁盛店を目指し、安定した経営を夢見るのなら、店主や調理師はこうした看板メニュー作りに、全力で取り組まなければならない。

熱い鉄板の上でじゅうじゅうと焼かれているハンバーグ、奥で炎がチラチラ燃えている薪窯で焼いたピ

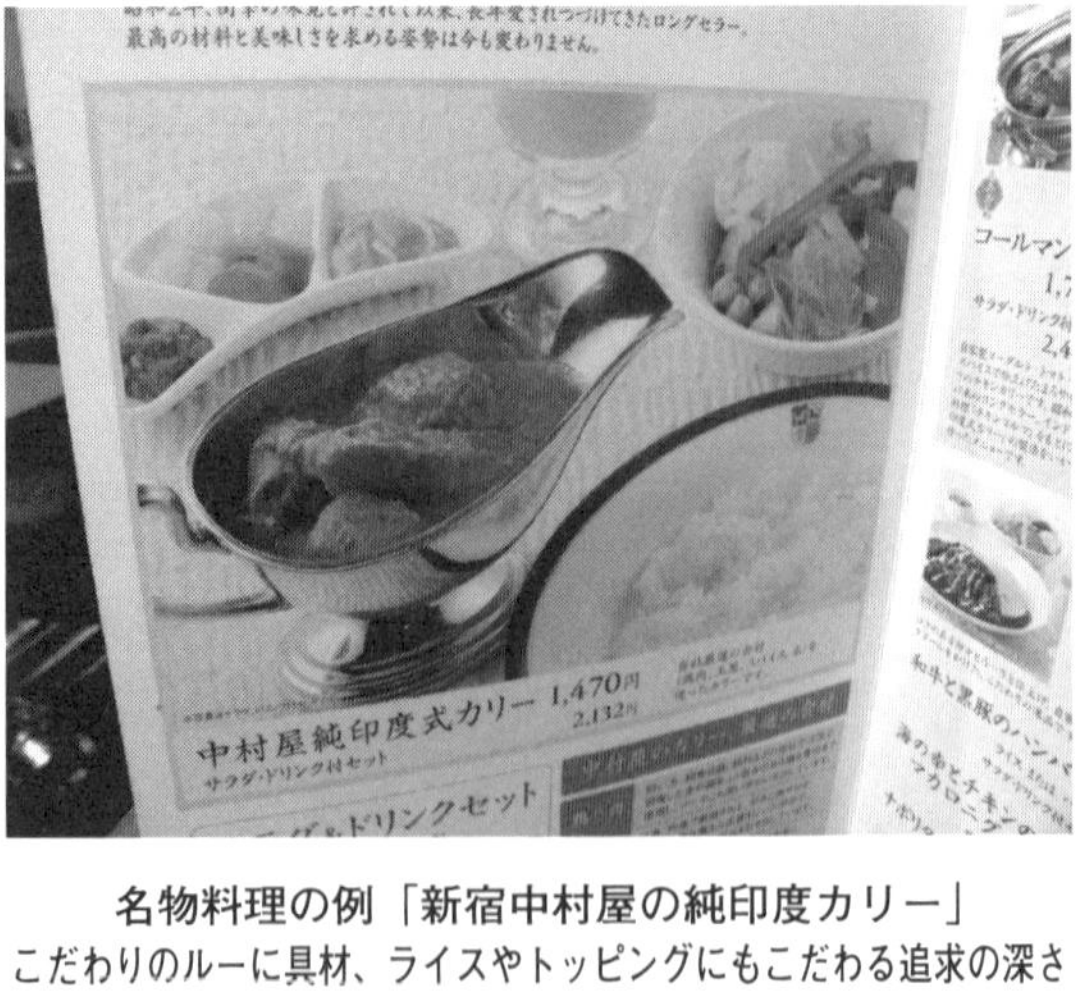

名物料理の例「新宿中村屋の純印度カリー」
こだわりのルーに具材、ライスやトッピングにもこだわる追求の深さ

ザ、魚市場の新鮮魚介類のちらし寿司、モウモウとした煙の中で強い炭火で焼く焼鳥、湯気がたつ大釜で茹でられる讃岐うどん……これら名物料理には、それぞれに深いこだわりがある。

たとえば、ハンバーグステーキ。

ハンバーグに、どんなレベルの豚肉または牛肉、鶏肉を使うのか。

つなぎには、パン粉ではなく、わが店ではこういうものを使ってみよう。玉ネギひとつにしても、ウチではみじん切りにはしないで、すり下ろすとか……。

普通の楕円形のハンバーグステーキでも、独特の練り方だとか、中に入れる香辛料（スパイス）、つなぎの卵とパン粉の割合が独特だとか、味噌だれのハンバーグだとか、ポン酢で食べるとか、何か他にない新しく斬新な工夫がこうした看板メニューにはある。

料理だけではない。

どのようなインテリアで、どのような雰囲気で、どのようなサービスで、どのような音楽で、このこだわった料理を美味しく食べてもらうのか……。

その、料理に対する深い知識と徹底的なこだわりこそが、「わが店の看板メニュー」を生み出す原動力だ。

料理を仕上げて、盛り付けて出すことを、ディッシュアップという。

当然、盛り付けには細心の注意を払い、見た目、彩《いろど》り、温度、香りなどに配慮して、最高の料理を提供しなければならない。

レベルの高い繁盛している飲食店では、料理がテーブルに運ばれていった瞬間、お客様の〝オオ～！〟という感動する声が聞こえることがよくある。

人生の幸せの一端を占めているのが、〝食べる楽しみ〟である。

そうした楽しみのプロデュース（演出）を担っているのが、美味しい食事を提供する、私たちの飲食店だ。

幸せをプロデュースする素晴らしい仕事、その仕事こそ同時に調理する喜びでもある。

だからこそ調理師への期待は大きいのである。

2 メニュー開発のポイント

料理を調理する場合、その料理内容を細かく分解したレシピ（recipe＝料理の処方箋）がなくてはならない。

レシピには、その料理に使用する食材・調味料・その種類と量、調理手順、調理のコツまでが書かれている。

最後の項には、その料理のトータル原価が書かれており、売価に対する食材原価率が計算されている（図表8―1参照）。

図表 8-1　料理レシピの例

料理名	五穀米のライスコロッケ	18 個分

料理のワンポイント

明治の文明開化の時期に、諸外国からさまざまな食文化が入ってきました。そこで日本人は、自国の食文化にあう西洋料理を創作したのです。米が好きな日本人は、白米に合うおいしい西洋料理メニューを生み出しました。

それらは、とんかつ、カレーライス、シチュー、ハヤシライス、牛めしなどです。その中で、コロッケが誕生しました。ルーツは、フランス料理の前菜「クロケット」。当時から、イタリアのライスコロッケは有名でしたが、あまり評価されませんでした。

東京銀座の資生堂パーラーが出したコロッケが、日本ではじめてのコロッケだったという説があります。いずれにしろ、気軽に食べられているライスコロッケは大人気。中身の具をアレンジして、さまざまなバリエーションが可能です。お客様には、熱々のコロッケをお出ししましょう。

使用食材	分　量
五穀米	30 g × 3 袋
白　米	1 kg
白出汁	200 ml
ピザ用チーズ	100 g
細切りネギ	長ネギ１本
揚げ油	800 ml
パン粉	適量
溶き卵	4 ～ 5 個
小麦粉	適量
トマトケチャップ	50 g
パセリまたは青物	少々

レシピ

1. 米は、炊く１時間前に洗ってざるにあげ、水気をよく切って炊飯器にいれだしを加える。
2. 五穀米は 10 分くらい軽く水に浸しておく。その後、きめの細かいざるにあけて、水気を切る。
3. 炊飯器に入れて炊く。
4. ご飯を冷ましてから、細く切ったネギを混ぜあわせる。
5. ピンポン玉くらいに丸めたご飯の真ん中に、チーズを丸い芯にして入れる。
6. 小麦粉、溶き卵、パン粉の順で衣をつけ、170℃に熱した油でキツネ色になるまで揚げる。
7. 上がったライスボールをトマトケチャップのソースの上に置く。
8. みじん切りしたパセリを、ライスボールの上に飾りつけ完成。

食材原価	一人前３個	264 円	1 個当たり 88 円
料理売価	一人前３個	800 円	
食材原価率		33%	

■レシピ記載項目

① 料理名
② 料理の紹介（由来・季節性など）
③ 何人分
④ 使用食材の名称
⑤ 使用食材の量
⑥ 調理手順
⑦ 調理温度
⑧ 調理のコツ
⑨ 盛り付け例（写真やイラスト）
⑩ 食材原価率

レシピがお店に完備されていれば、調理責任者が不在の時でも、代行者が全く同じ料理を調理でき、調理の新人教育も、このレシピがあれば簡単に正確に行える。

このようにレシピをもとに、誰が調理しても同じ料理が出せることを、料理スタンダード（standard）の確立と呼ぶ。

レシピを作成するのは面倒だが、レシピが完備されていれば、いつ来店しても同じ料理が食べられるので、顧客は満足しお店の評判は高まる。

■メニュー数

飲食店のメニューは多いほうが良いか、少ないほうが良いかと問われれば、あなたはどう答えるだろう。

答えは、圧倒的な人気の看板メニューがあれば、メニュー数は少なくても十分に顧客は満足する……である。

〝品数が多いほうが、顧客の選択肢が広がってよいのでは？〟と考える経営者もいるが、実はそういう飲食店に限って経営不振の店が多い。

たとえば中華料理なら何でも揃うが、どれも特徴が無く美味しくない。そんな飲食店には、現代の顧客は振り向かない。主役のいないドラマみたいなものである。人気のあるドラマには、決まって強烈な個性の主人公、飲食店でいえば、どこの店にも負けない看板メニューが存在する。

ドラマも飲食店も同じことなのである。

ではどうやって、看板メニューを生み出せばよいのか。

そのヒントは、マーケティングにある。今売れているメニューの中から、売れるメニューの傾向を読み取り、それを磨きあげて看板料理を生み出すのである。

■ABC分析

顧客が、当店に求める欲求を探りだすのに役立つのが、「ABC分析」である（図表8―2参

図表 8-2　ABC 分析表とパレート図

番号	商品名	売上	構成比率	累計
1	A	¥3,000	30.0%	30.0%
2	B	¥2,500	25.0%	55.0%
3	C	¥2,000	20.0%	75.0%
4	D	¥700	7.0%	82.0%
5	E	¥500	5.0%	87.0%
6	F	¥400	4.0%	91.0%
7	G	¥250	2.5%	93.5%
8	H	¥150	1.5%	95.0%
9	I	¥120	1.2%	96.2%
10	J	¥90	0.9%	97.1%
11	K	¥80	0.8%	97.9%
12	L	¥70	0.7%	98.6%
13	M	¥60	0.6%	99.2%
14	N	¥50	0.5%	99.7%
15	O	¥30	0.3%	100.0%
合計		¥10,000	100.0%	

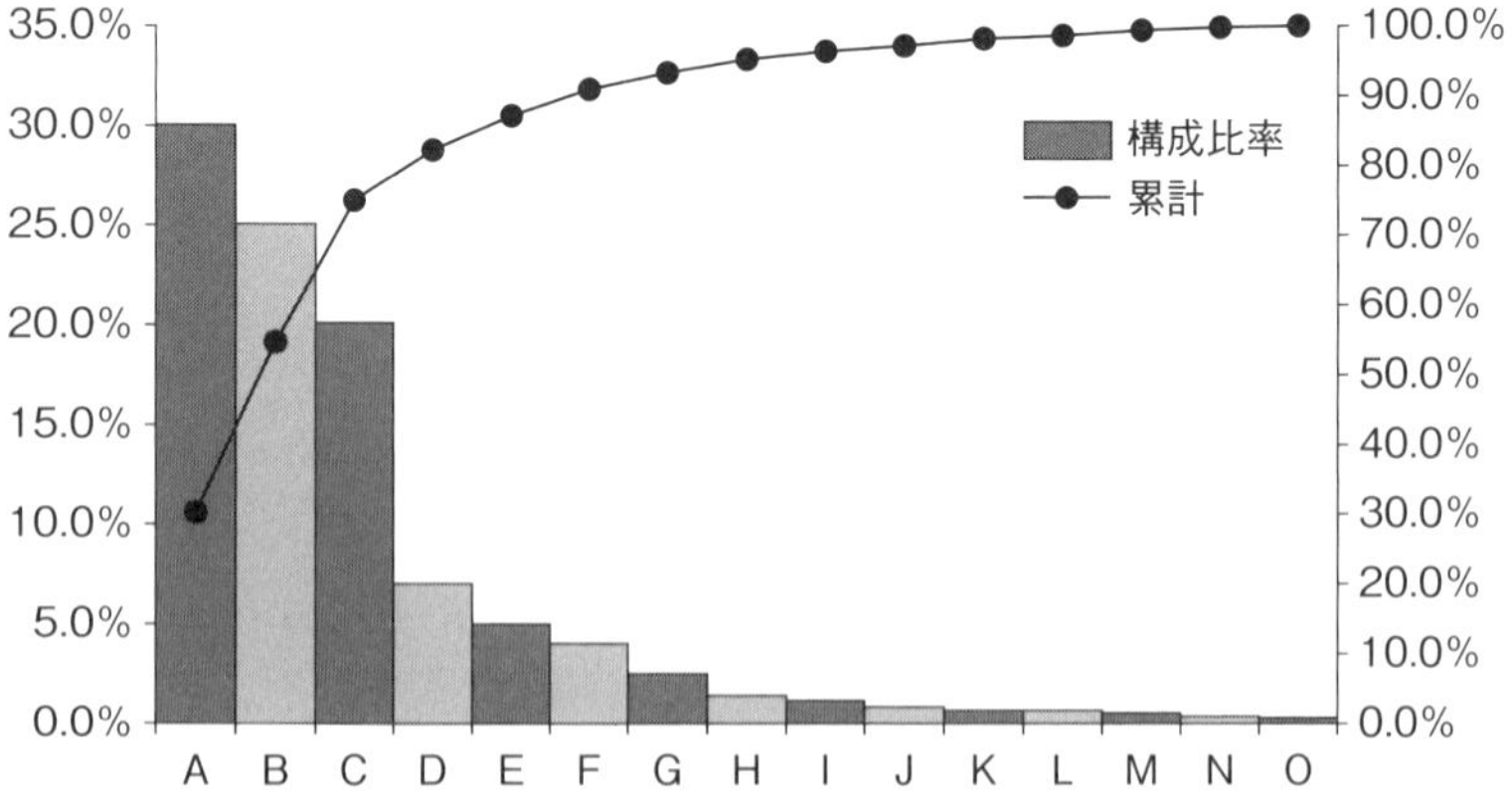

照）。

ＡＢＣ分析とは、イタリアの経済学者パレートによって理論化された方法である。

これは、売れている20％の料理品目が、全体売上の約80％を占めるという理論である。

売上高の多い順にＡＢＣと分類し、品目数でいえば、全体の20％前後がＡ部門。つまり20％の料理品目で、70～80％の売上をあげているのである。

Ｂ部門は20％前後になり、このＢ部門とＡ部門の料理品目数の合計40％で、売上の90％を稼いでいることになる。

したがってＡＢＣ分析をすれば、何が当店の主力メニューなのかがわかり、顧客に支持されているメニューの傾向が即座に判断できる。

飲食店は、〝売れている料理をもっと売る〟ことで、繁盛店に成長できる。

売れている料理に磨きをかけ、顧客の大きな支持を得るために創意工夫をくりかえし、どこにも負けない看板メニューを生み出すのである。

そのヒントを与えてくれるのがＡＢＣ分析なのだ。

ＡＢＣ分析は難しくない。

レジスターの集計を工夫することで、簡単にデータが採れる。

現在のＰＯＳレジスターなら、コンピュータの画面に簡単に表示できる。

くりかえすが、看板料理がなければ、繁盛する飲食店に成長することはできない。そのために、自店の料理の傾向、顧客が何を求めているのかを知るのが、ＡＢＣ分析である。

3 仕込みと発注

調理師は、調理するだけが仕事ではない。食材の在庫管理、正確な発注・検品、そして売上予測に基づいた仕込み、という重要な作業も任されている。

■食材の在庫管理と発注

発注作業を、あてずっぽうに〝これくらい在庫があるからこの数量で良い！〟などと考えてはならない。正確な使用食材を予測するべきである。

それにはまず、本日の料理の単品別「出数《しゅっすう》」を予測する。そのために、毎日の出数チェックが参考になる。出数は、毎日似たような傾向になるからである。

たとえば、「本格手打ち蕎麦店」の食材管理と発注を考えてみよう。

「蕎麦せいろ」と「天ぷら蕎麦」、「山菜蕎麦」の３種類とその他蕎麦の合計出数が、毎日１００人前後だとした場合、蕎麦を食べない客もいるので来店客数は約１２０人であろう。

この「本格手打ち蕎麦店」では、開店直前の午前10時半には70人前、売れ行きや入店具合を見て、午後1時過ぎには、残り40人前後の蕎麦を打っていると思われる。

一人前が１５０グラムの場合、１日１００食出ているなら、多めに見積って、蕎麦粉は毎日約20キログラム使用すると推測できる。土日・祭日がその倍とすると、

（平日5日×20キログラム）＋（土・日2日×40キログラム）≒１８０キログラム

一週間で約１８０〜２００キログラムの蕎麦粉を使っていることになる。

卸業者に発注するのは、おそらく配送に3日間を要するから、蕎麦粉の在庫が60キログラム以下になってからでは遅い。余裕を持って発注しておきたい。

こうして、レシピにもとづいて、使用する食材の在庫量を確認、売上予測をして、食材を発注しなければならない。

進んだ飲食店では、「定量発注」という方法で、レシピをコンピュータに入力しておき、出数高から使用食材を計算し自動発注するシステムが導入されている。

売上予測と出数予測から、少しだけ余裕のある一定量を、あらかじめ決めておき、在庫を見比べて、最低在庫になったときに発注するというやり方もある。

■納品時の計量

次に、注文しておいた食材が、納品される際に注意しておかねばならないことがある。「計量」である。

納品された食材は、必ず計量することを習慣付けなければならない。

どんなに忙しくても、納品伝票通りのグラム数が、正確に納品されているのかを確認することだ。

これは、納品業者を疑っているのではない。計量は、ビジネスとして飲食店を経営する以上、当たり前のことだからだ。

こうしてきちんとした店側の姿勢を見せることによって、取引先に対して〝私どもは正しく正確な経営を行っています〟というＰＲにもなるからである。

また、納品時間は、昼の営業時間を避けてくれるように、業者に伝えておくことが必要である。

昼の営業時は、お客様対応に全力で向かわなければならない。

そんな重要な時に、納品計量などやっている暇はないからだ。

納品伝票と納品された野菜の計量

■仕込み

仕込み作業は「勘」や「慣れ」で行ってはならない。

これも、出数予想から割り出して決めなければならない。

何をどのくらい仕込まなければならないか、調理を担当する者全員が知っていなければならない。

そのために、仕込み作業黒板を調理場の入口に設置するとよい。

仕込み作業黒板には、①仕込み食材の種類、②仕込み方法（千切りだとか、カット後に水にさらす等）、③仕込み量（何人分）、④仕込み作業の終了予定時間、が書かれていなければならない。

ここで忘れてならないのは、昼の営業が始まっているのに、一部の人間に仕込み作業をさせている店がある。これは意味がない。営業時には、全員で調理に専念することだ。

基本的には、その日使う分量しか仕込んではならない。新鮮さが命の食材を、作業手順だけを考えて、無闇に大量に仕込んではならない。大量に仕込みそれが食材の劣化やロスにつながれば、食材原価率の上昇となって、店の利益を低下させてしまい、店の経営に悪い影響を与えることになるからである。

単純に思える仕込み作業だが、非常に重要な作業なのだとしっかり認識しておいてもらいたいものである。

演習問題 8

以下の文章を読み、文中の（　）の中に下記の語群から、適当と思われる単語を選び、解答欄に記号で答えなさい。

（　①　）がお店に完備されていれば、調理責任者が不在でも、代行者が全く同じ料理を（　②　）でき、（　③　）も①があれば正確に行うことができる。このように、誰が調理しても同じ料理が出せることを、料理（　④　）の確立と呼ぶ。作成するのは面倒だが、①が完備されていれば、いつ来ても同じくおいしい料理が食べられるので、（　⑤　）は高まる。

【語群】

A. フラッグシップ	E. スタンダード	I. 発注
B. 仕込み	F. 新人教育	J. 在庫管理
C. 顧客満足	G. 調理	K. レシピ
D. 看板料理	H. 納品・検品	L. ABC 分析

【解答欄】

①	②	③	④	⑤

解答　①K、②G、③I、④E、⑤C

第9章

従業員の教育訓練

1 やる気を引き出す部下指導

調理師の方々が養成施設を卒業し、職場に配置された直後には「部下教育」の必要はないかもしれない。

ところが最近、卒業後2～3年で「部下教育」の必要性が生まれる場合がある。

それは、調理師の下に、パート・アルバイトが部下として配属されることが多いからである。

昔は調理師は、調理作業さえしていればよかった。しかし、今はそんなことは言っていられない。右に述べた理由で学生時代に、部下指導と教育に関する基礎的な知識を学ぶ必要が出てきているのである。

部下指導で一番大変なのは、部下が〝やる気になってくれること〟である。部下のやる気を引き出すことは、ベテランの調理師でもなかなか難しいことだからである。

■部下のやる気とは

「行動科学」という学問で、〝どうすればやる気が起こるか〟を解明している。

結論から言えば、「やる気は、賃金の高さや休みの多さなど、待遇がいいから生まれるのではなく、店と一体となった連帯感や達成感、やる気のある職場の雰囲気に大きく影響される」と言われている。

その職場の雰囲気は、誰がリードして作り出すのか。

それは上司である調理師自身である。

皆さんがもし就職後数年で、パート・アルバイト数名の上司になったなら、彼らのやる気はあなたの指導いかんにかかっているということになる。

職場のリーダーである上司が、常に前向きな考えで、先頭に立って部下を励ましながらリードしていくことで、職場にはやる気が満ち溢れるのである。

この「前向きな考え方」を、「プラス志向」と呼んでいる。

■プラス志向

プラス志向とは、常にものごとをプラス（＝前向き）にとらえる考え方である。

たとえば、

1. これからの時代は厳しい……だからやりがいがある
2. この仕事は難しい……だから完成したら大きな成果が得られる
3. 雨が降りそうだ……芝生やグリーンが元気になるぞ

というように、たとえ困難な状況のもとでも落ち込まず、常に前向きに考えることである。

リーダーが、いつもこのようなプラス志向の考え方を持ち、前向きに行動すれば、職場には暗い話題は少なくなり、明るい話題が中心となり、職場の雰囲気も明るく盛りあがるに違いない。

この前向きな環境が皆を元気にするのである。

■ほめ方、叱り方

人がやる気になるには、上司が先頭に立って、明るく元気に部下をリードしていくことが必要だが、それには上手な「ほめ方」を実践する必要がある。

ほめて、即効果があるのは新人だ。

新人は覚えが悪く、ぐずぐずしているので、つい怒ってしまう。

しかし、単純に怒ってはならない。

まず、失敗理由を聞く。

次に、どこが問題かを、わかりやすく説明し、模範を示し、「ほら、こうしたらうまくいく」と教え、最後にもう一度チャレンジさせ、うまくいったらほめるのである。

新人はほめられると感動する。

人は、ほめられたことをもう一度やろうとする。そして仕事に慣れていく。

ほめるのは照れくさいが、でもほめられることほど嬉しいことはない。

それも、尊敬する先輩にほめられるのが、新人には大きな喜びとなり、〝よし、やるぞ！〟とやる気が生まれてくるものなのである。

図表 9-1　上手なほめ方・叱り方

〈上手にほめる〉

「ほめる」ことは、部下の能力を積極的に育成するという意味から、もっとも優れた人材育成の技術の１つである。人間は、ほめられたことを再びやろうとする本能を持っている。

部下をほめるときには、次の点に留意する。

1. 本人の日常の仕事ぶりや成果を客観的につかんでおく
2. 事実に基づいてほめる
3. 口先だけではなく、心からほめる
4. 他の者に悪影響がない限り、なるべく職場の仲間の前でほめる
5. 早い時期にほめる。本人が忘れたころにほめても効果は期待できない
6. 努力したにもかかわらず成果が上がらないときは、努力や工夫した点をほめ、今後の活躍を期待して激励する

〈上手に叱る〉

部下は、日常信頼している上司から叱られることで成長し、むしろ愛情を感じ上司を信頼するようになる。

叱る場合、一番大切なことは部下が自ら「まちがっていた」「悪かった」と認識していることである。

力がなく、部下から信頼されていない上司がいくら叱っても、反感を買うだけで指導にはならない。上司が、叱るに値する人間でなければならないのはもちろんである。

1. 事実を確実につかんだうえで叱る
2. 抽象的な言葉で叱らず、「具体的な事実」を指摘して叱る
3. 原因をはっきりさせ、その過ちの結果、どういうマイナスが生じたかを理解させる
4. 部下の過ちは上司の責任。どのような指導不足で過ちが発生したかを、まず自ら反省してみる
5. 自尊心を傷つけるような叱り方をしない
6. 叱り方のコツは、「断固として、おだやかに、しかもあっさりと」
7. 叱る場所を考えて叱る。むやみに人前で叱らない
8. 今後どうしたらよいかを考えさせ、期待している旨を話し、意欲を持たせる

しかし、たまに叱ることも恐れてはならない。

たまには、愛情を持って厳しく叱ることも、部下の育成には大切なことだ。

ほめたり叱ったりしながら、人は成長を重ねていく。

こうして、職場にじわじわとやる気の出る雰囲気が生まれてくるのである。

2 ハウスルールでビジネス意識を定着させる

日本人は明治の文明開化以来、義務教育のもとに高い知識を身につけてきた。

ほとんどの国民が、読み書きができるという、世界的にもまれな環境のなかで育くまれてきたために、マニュアルのような単純で決まり切った教育の仕方には批判が多い。

ところが現代、かつてわが国では常識であったことが、通用しない社会が訪れている。

学生アルバイトを採用して仕事をともにすると、かつては常識だった「挨拶」「返事」「報告」が全くできない現実に落胆する。

社会人になるとこんなことは常識……と思っていることが、彼らには全く通用しない時代になった。

〝こんなことも出来ないのか！〟と怒るとそうした学生たちはすぐに辞めていく。

従来であれば、床にゴミが落ちていたらすぐに拾う、仕込みが間に合わなければ店のスタッフ全員で手伝って片づける、トイレのペーパーが切れていたら誰でもいいからまず補充する、朝出勤してくれば元気な声で挨拶する、仕事を言いつけられたらメモをして憶え、わからないことはもう一度聞いて確認する、仕事が終了したら即座に報告する……。

それが常識だったが、今やそれは常識ではない。

常識が通用しないこれからの社会では、マニュアルを上手に活用して部下や新人を教育するという欧米の知恵に学ぶ時がやってきている。

アメリカのような多民族社会で、能力や習慣の違う大勢の人たちが、仕事をスムーズに進行させるために生まれたのが「マニュアル」である。

ゆえに新人教育は、就業規則のマニュアル＝「ハウスルール」を、覚えてもらうことからスタートするとよい。

「ハウスルール」とは、その店の勤務のし方や、仕事場の基本的ルールを定めたものである。

わが店、わが職場が、何を目指しているのか、そしてそれがどういう意味を持つのか、新人にビジネスの現場で働く意味を知ってもらうために、それらのことがわかりやすく各項目別に述べられて記されている。

たとえば「時間厳守」。

〝信頼の基本は、約束や時間を守ることです。まず従業員が時間を守るというビジネス常識を身につけ、口先ではなく確実に守ることで、お客様の信頼を勝ち得ることができます。だから時間を守ることが重要なのです……〟

社会人には〝何をいまさら……〟と思われる内容である。

ここは学校や家庭と違って、ビジネスという真剣勝負の場であると教えることが大切なのだ。

基本的なビジネス意識を徹底的に身につけさせる、それが「ハウスルール」教育である。

飲食店での教育風景
月に一度のアルバイト・パート全員参加で行われる研修会

図表9-2　わが店のハウスルール（就業規則）

Ⅰ．わが店の考え方

あなたは今日から「○○○レストラン○○店」の一員に加わることになりました。私たちはあなたを心から歓迎いたします。

私たちは、食文化を通じて人間的な成長を目指し、お客様はもちろんのこと、自分たち、そしてスタッフの皆さんに「夢」と「感動」のある環境を作ることを第一としています。

当店を経営するのは、株式会社○○といいます。

株式会社○○は、信頼され、地域に根づいて貢献できる会社になりたいと心から考えています。どうか皆さんも一緒に歩んでください。

Ⅱ．わが店のルール

このルールでは、皆さんが毎日楽しく仕事ができるように、仕事と職場の共通のルールを定めています。ルールを守ることが、楽しく明るい職場を作る基盤になります。従業員の皆さんの力と努力で守りましょう。

1. 挨拶

挨拶は仕事の始まりです。仲間同士のかけ声です。明るく元気に、みんなが声を掛け合いましょう。明るい挨拶が、職場の和と助け合いの精神を作り出します。また出入りの業者さんにも、近所の方にも感謝の心を忘れず、明るく言いましょう。

(1) 出勤時	「おはようございます」
(2) 退勤時	「お疲れさまでした」
(3) 業者さん	「ご苦労様です」
(4) 近所の方々への挨拶	「こんにちは」「お世話になっております」

2. 身だしなみ

〈1〉出退勤時

清潔で見苦しくないようにしてください。いつも気を抜かないようにしてください。以下の事例は禁止しています。

(1) サンダルやつっかけ、靴のかかとを踏んでの出退勤は禁止
(2) お店のユニフォームでの出退勤は禁止（臨時のとき以外）
(3) ポケットに手を突っ込んだり、着衣の前をはだけての出退勤は禁止
(4) 厚化粧や目立ちすぎる着衣での出退勤は禁止
(5) ガムをかんだり、飲食しながらの出退勤は禁止
(6) 酒気をおびての出退勤は絶対に禁止

※また、勤務中は以下の事例を禁止しています。
(1) ピアスおよびイヤリングを身につける
(2) 濃く、くどい派手なマニキュア、長い爪
(3) その他、店が判断する禁止事項

〈2〉勤務中

どんなに衛生的な職場でも、またあなたがどんなに素敵な笑顔で接客しても、汚れたユニフォームをだらしなく着ていたら、お客様に対しては大変失礼なことをしています。また、それですべて台無しです。

いつでもクリーニングされた清潔なユニフォームを決められた通りにきちんと着用して下さい。私たちのお店は飲食業です。せっかくの素敵な笑顔での接客が無駄にならないよう、常に清潔な格好を心掛けましょう。ユニフォームは各人に貸与します。自宅でクリーニングして管理してください。

3. 手洗いの励行と手指殺菌・消毒

私たちの仕事が衛生的で安全であることは、お客様への第一の義務です。お客様に美味しいお料理を提供し、私たちの温かい笑顔で満足していただくためには、私たち自身の手洗いから始まるのです。
(1) ユニフォームに着替え、仕事につく直前に手・指・爪をよく洗う
(2) トイレを使用後、職場を離れたときにも手・指・爪をよく洗ってから仕事につく
(3) 決められた石鹸と消毒液を使うこと

4. 職場での言葉づかい

明るく規律正しい職場は、正しい言葉づかいで形作られます。勤務中にあだ名で声を掛け合ったり、粗雑な言葉づかいをしては、せっかくの笑顔や心遣いも台無しになります。

〈1〉電話の応対

あなたの電話の応待によって、電話をかけてきた相手にわが社やわが店のイメージが作られます。ですから顔が見えないだけ慎重に、お店に来られるお客様にご挨拶するのと同じように、キチンと電話の応対をしてください(ハキハキと明るく、落ち着いて応対してください)。まず、3コール(着信音)以内に受話器を取るように心掛けてください。

・受話器を取ったら……

相手がお客様の場合	「毎度ありがとうございます」
お取引先の場合	「いつもお世話になっております」
店長やご家族の場合	「お疲れさまです」
取り次ぐ場合	「ただいま呼んで参ります。少々お待ちくださいませ」

〈2〉従業員同士の言葉づかい

従業員同士は、職場ではお互いに敬意を払い正しい言葉を使いましょう。
(1) 出退勤の挨拶は、決められた通りに行ってください。「おっす!」「おさき!」「おつかれ!」「…無言」は厳禁です。

(2) 従業員間の呼称は「○○さん」と名字を呼びます。あだ名や呼び捨てはいけません。
(3) 用事を依頼するときは、「…をお願いします」「…をやって頂けますか」とお願いしましょう。
(4) 依頼を受けてもらったら「ありがとうございます」と気持ちよく言いましょう。
(5) 用事を受けるときは、「はい、わかりました」と快く返事をしてください。
(6) 用事ができない場合は、「できません」と答え、「えー」「ヤダー」「だってー」「ウッソー」「ダメー」などの言葉は使用してはなりません。

5. その他のルールについて

(1) 勤務後の店舗での飲食や残り商品の持ち帰りは、店長の許可を得た場合のみ可能ですが、原則禁止です。
(2) 店舗の用度品・紙袋・備品の持ち出しは、絶対厳禁です。
(3) 貴重品はお店に持ち込まないこと。やむを得ないときは、店長に預けるかしっかり管理すること。
(4) 退職の場合は、店舗より貸与されたすべての物を即時に返却してください。

6. 違法行為

次の項目に関する行為は、何らかの処罰の対象となりますので注意してください。
(1) どのような場合でも例外なく、店舗の資産（商品、設備等）の持ち出しや故意の破損または乱用等の行為は処罰の対象になります。
(2) 従業員リスト、店舗図面、レシピ、売上利益に関する帳票、その他会社の機密書類を無断で持ち出したり、コピーしたりする行為は処罰の対象となります。
(3) 従業員同士の金銭の貸し借りなどは厳禁です。

Ⅲ. ワークスケジュール

1. タイムカード

(1) あなたの給料は、タイムカードをもとに計算されています。
(2) ゆえに打刻ミスは認めません。出勤、退勤をしっかり確認した上で打刻してください。
(3) 勤務開始の10分前に出勤し、必ずユニフォームに着替えた後、5分前には打刻してください。
(4) 退勤は、私服に着替える前に打刻します。
(5) タイムカードを汚したり、紛失したりすることのないようにしましょう。

2. ワークスケジュール表

ワークスケジュール表は、お店の仕込みの都合や来店されるお客様のピーク等で決まります。まず、お客様に美味しい料理を提供し、にこやかなサービスで応待することが何より優先されます。あなたの欠勤や遅刻は、同僚に対して、またお客様に対して大変な迷惑と不満足とを与えることになります。ですから、約束した時間には必ず出勤し十分に働いてください。そのために、スケジュールの見落としや時間の誤認がないように最大の注意を払ってください。

(1) あなたの勤務日、勤務時間はワークスケジュール表によって、店長が管理し、事務室の掲示板に貼ってあります。

(2) このスケジュールは原則的には、あなたと店長との話し合いにより作成発表されますが、お店がどうしても必要とするときもありますので、店長とよくコミュニケーションを取り対処してください。

(3) やむを得ない理由での変更、欠勤、遅刻は、直接店長まで報告し許可を得てください。

(4) 勤務終了時に次回のスケジュールを再確認の上、退社してください。

3. 休憩時間

(1) 休憩を取る場合は店長の指示に従ってください。

(2) 休憩時間は労働時間に含まれません。

(4) 弁当やパンなどを買って食事をする場合は、従業員休憩場所で食事をしてください。

(5) 食事のあと片付けは自らしてください。

4. お客様の苦情

直接の原因があなたにないにしても、お客様の苦情は、従業員であるあなたに伝えられます。苦情を聞くのは、気持ちの良いものではありませんが、お客様はわが店に期待されているからこそ、苦情を言われるのです。

(1) お客様に言い訳したり、言い返したり、口論をしない。

(2) お客様が言うことは、最後まで注意深く聞く。

(3)「申し訳ございません。ただいま責任者を呼びますので少々お待ちください」とお客様に伝える。

(4) ただちに責任者（店長）に報告する。ささいなことでも報告してください。

自分だけの判断で処理をせず、確実に素早く店長に報告してください。お客様が苦情を言われるということは、「わが店のために、わざわざご指摘ご指導いただいた」と受けとめ、後に「わが店のファン」になっていただけるように誠意を尽くし応待することを忘れないでください。

5. 給与

(1) あなたの給与は、毎月末〆で翌月25日にあなた名義の口座に振り込まれます。

(2) 給与は、1ヵ月の労働時間を計算し交通費を含めて支給されます。

(3) 支給日が銀行の休業日の場合は、翌日に支給します。

(4) あなたの給与の総支給額は源泉徴収の対象となります。

3　現場教育で鍛え、多能な能力の開発を目指す

教育の仕方には、ＯＪＴ（on the job training）とＯＦＦ・ＪＴ（off the job training）がある。

ＯＪＴは、実際に仕事をしている職場で教育することをいい、ＯＦＦ・ＪＴとは、職場外で講習などを受講することをいう。

そのＯＪＴで効果を上げるのが、ロールプレイング（役割演技法）である。

ただこのロールプレイングのＯＪＴは、主にホールの接客サービスのレベルアップが目的で、キッチンを主にする調理師の方には馴染みが無い世界かもしれない。

だが、将来自分が支配人に昇進し、ホールの接客サービスも見るようになった場合には、大いに役立つと思われるので、ぜひ知っておいてもらいたい。

■ロールプレイング指導法

ロールプレイング教育とは、主にホールのスタッフが、顧客と店舗スタッフに別れ、それぞれがその役を想定して演技しながら、実践的に業務を学ぶ方法である。

ロールプレイングをしてみると、「マニュアル」にはない、想定外の場面によく出くわす。

そんなときには、ロールプレイング後に、リーダーが今の場面の解説をし、お客様に満足しても

図表 9-3　ロールプレイング教育

1. 朝礼やミーティングの場など、少しのあき時間でも実施
2. お客様へのお勧めメニューの勧め方、会計時の応対のし方など、ロールプレイング用の「台本」を作っておくとよい
3. 「台本」は挨拶から入って、オーダー取りまでの簡単なストーリーでよい
4. 慣れてきたら、より難しい苦情処理などの場面を想定して行う
5. 最初は、店長とベテランスタッフが皆の前で模範演技を行う
6. ロールプレイングの所用時間は２～３分で十分
7. 実施した後に、その場に居合わせた者に感想を聞く
8. 最後に、教育者が短くスピーチをして、まとめる
9. まず、演技者の演技内容の良い所をほめる
10. 次に、悪い所・矯正しなければならない所を具体的に指摘する
11. 最後に、接客のあるべき姿、わが店が目指すサービスを話す
　＊友人同士だとふざけやすいので、組み合わせを工夫する

らえるベストな対応法を教えるのである。

従来のマニュアルだけの〝定型サービス〟の丸暗記教育だけでは、どこにでもあるファミレスやファストフード店と同じになってしまう。

現実的な対応ができるように、あらゆる場面を想定し、ロールプレイング教育を繰り返すことが、これからの飲食店では重要である。

ロールプレイング教育は、ベテランでも難しいところがあるが、それをやり切ってこそ素晴らしい店になる。

難しさを乗り越えてこそ、未来が開けてくる。

頑張って実践してほしい。

■「多能工」に学ぶ

わが国の製造業のレベルは世界一である。なぜそれが可能になったのか。

世界企業に伍して成長してきた背景の一つに、諸外

国では見られない、労働者の高い作業能力がある。そうした人々のことを「多能工」と呼ぶ。

多能工とは、自動車製造業でいえば、エンジンも、照明ランプも、シートなどの内装も、タイヤとブレーキなど、作業内容の違う複数の作業能力を持つ労働者たちのことである。

彼らは、他のセクションが人手不足なら、急遽そっちへ廻り製造ラインを支援する。

そんなことが縦横にできる労働者が、わが国の製造ラインを支えている。

受付と事務を同時にこなすＯＬ、暇な時間に商品補充とレジを同時にこなすコンビニ店員、商品を配達しながら注文も受けるセールスドライバーなど、この多能工化が製造業以外でもわが国のあらゆる職場で日常的に行われている。

手先の器用な国民性もあるが、このような多能工が、わが国ではあらゆる場面で普通に見られる。

「多能工化」という意味では、飲食業界は一歩も二歩も遅れている。

業種・業態にもよるが、いまだに調理場、洗い場、ホール、会計などという職種の壁は厚く、自分の持ち場以外、どんなに他部門が忙しくても、手伝うことなど無いことが多い。

つまり、わが国の飲食業界では、多能工化、臨機応変な対応ができていないのが現実である。また、そうした多能工化を目指した教育・訓練もあまり行われていない。

調理も接客も発注も計数管理も、飲食店内の業務なら何でもできる、飲食店で働く人々の多能工化を推進しなくては、これからの厳しい時代に生き残っていくことはできない。

多能な技術を身につけ、飲食店で大きく活躍できる、次代を担うスタッフがこれからは絶対に必要なのだ。しかし、飲食業界にはまだまだその意識は薄く、多能工化は進んでいない。ぜひ皆さんが職場のリーダーになった時には、この「多能工化」を大胆に進めてもらいたいものである。

最初に書いたように、養成施設を卒業した調理師の皆さんが、部下の教育にあたるのは数年先かもしれない。しかし、将来必ず必要となる経営知識である。そのためにも、しっかりと教育の原則をこの章で身につけてもらいたいと切に願うものである。

演習問題 9

部下の教育に関し、“部下の仕事を正当に評価し、ほめることで成長する”と述べられているが、教育に関して「ほめる効用」を100文字程度で説明しなさい。

＊合計120文字あるが、90から110文字くらいでまとめなさい。

解答は、本書図表9-1の「上手なほめ方」を参照のこと。

第10章

飲食店の販売促進

1 販売促進の4段階

〝販売促進〟とは、広告・宣伝をして、顧客を飲食店に誘《いざな》うことである。

そのためには、顧客にわが店を認識してもらう必要がある。

顧客がわが店を「認識」した後は、実際に来店してもらい、再び何度も来店してもらえるように働きかけねばならない。

最後に、わが店に愛着を持ってもらい、常連客になってもらうことである。

個性化、多様化した高度な欲求を抱いた現代の顧客に、わが店の常連客になってもらうためには、不特定多数の顧客を同時に対象とするのではなく、一人一人の顧客に、個別にしっかりと対応していくことが必要だ。

これをワン・トゥ・ワン・マーケティング（one to one marketing）と呼び、すでに第4章で述べた。

ワン・トゥ・ワン・マーケティングは、従来の十把一絡げの投網《とあみ》式の客集めではなく、顧客一人一人の「必要」や「欲求」を丹念に調べ、個々のニーズに合わせて、細かく対応することである。

〝明日予約の山田様は、いつもご家族でいらっしゃるが、中に一人足の悪い御婆様がいらしたな…。だから山田様が到着したら、店横のスロープのある入口を利用してもらって、段差のないテー

図表10-1　販売促進の4段階（愛顧客化プロセス）

1. 認識	自店の商圏範囲の顧客に、わが店がどんな店なのかを認識してもらうための販売促進	*看板による認知 *ファサードでイメージ訴求 *開店告知（看板・案内状やパンフレット）
2. 集客	認知している見込み客に、実際に来店してもらうための具体的な販売促進	*グルメサイト（ぐるなびなど） *自社HP（ホームページ） *媒体広告（雑誌・ミニコミ） *プレゼントや割引
3. 再来店誘引	はじめて来店した顧客に、再び来店してもらい、満足感を得てもらう販売促進	*セールスレター（御礼状） *会員登録・ポイントカード *特典（割引、特別サービス） *自社HPやブログ読者になってもらう
4. 愛顧客化	来店経験のある顧客にさらに自店に愛着を持ってもらい、固定客になってもらうための販売促進	*自店の店舗力をより強化 店舗力とは、看板メニュー、ホスピタリティサービス、クリンリネスなどをより高め、顧客に愛される店に成長すること

ブルにご案内しなければならない…〟などと、個別の顧客情報を事前に頭に入れ、配慮することである。

単にホールのサービスだけではなく、季節のダイレクトメールにしても、こうした顧客一人一人の個別情報をしっかり頭に入れて、的確に案内しなければならない。

こうした一連の流れを「販売促進の4段階」と呼んでいる。

■認識段階

すでに述べたように、店舗はそれぞれ自店の商圏（顧客が来店する地域）を持っている。

まずはその商圏の顧客に、わが店がどのような飲食店なのかを知ってもらう（認識してもらう）必要がある。

何の店なのか、どのような料理なのか、どんなサービスなのか、どんな雰囲気なのか……。

それらの疑問を解消し、対象となるターゲット（市場標的）顧客に熟知してもらうために、看板とファサード（façade＝店舗正面のデザイン）を個性的でわかりやすいデザインにしてPRする。

すかいらーく社のイタリアン・レストラン「グラッチェ・ガーデンズ」の店頭と壁の看板

「T.G.I.FRiDAY'S」の個性的なファサード
ファサードとは店舗正面のデザインのことだが、当店では上手に表現されている

写真は、飲食店の看板だが、看板に自店のメニューや特徴などを掲示することは、顧客が当店を認識するのに大いに役立つ手段である。

もう一つ顧客の認識を促進するものに、折り込み広告（ビラ）がある。

開店告知ビラや新聞の折り込みチラシはよく知られた販売促進法であるが、これらのビラや折り込みチラシは投入したときは強力な認知や集客の効果をもたらすが、継続性がなく、費用が高い割に継続効果が弱いと言われている。

2　集客段階から再来店の誘引へ

■集客

商圏内の顧客に、当店を認識してもらった後は、実際に足を運んでもらわなければならない。これを「集客」という。

「集客」に効果があるのは、①インターネット上のグルメサイト、②自店のＨＰ（ホームページ）、③雑誌などの媒体広告である。これらを上手に活用して集客を促進するのである。

①グルメサイト

現在有力なウェブ上のグルメサイトには、「ぐるなび」「食べログ」「ホットペッパー」などがあり、他にもさまざまなグルメサイトが続々と登場している。

インターネットを使えば誰もがアクセス可能で、手軽で便利で、顧客のアクセス数も多い。新規に出店した飲食店は、知名度を上げるためにもぜひ活用を検討すべきだ。

グルメサイトには掲載料が有料のものもあり、掲載する場合はよく内容を吟味して慎重に選択することが求められる。

②自店のＨＰ（ホームページ）

店名は知っているがはじめてなので行きづらい……と思っている顧客に有効なのが、自店のＨＰだ。ＨＰがあれば、グルメサイト同様に、集客にはかなり有効だ。そのＨＰの雰囲気や写真、内容が顧客の好みに適合すると、来店動機につながりやすい。

またそこに、経営者や店長のブログが掲載されていると、検索した顧客は親しみを感じ、来店の強力な動機になる。

ＨＰのアドレスは、グルメサイトに表示したり、店頭や看板に掲示するなどして告知するとよい。

③媒体広告（雑誌などの活字媒体）

業界紙、グルメ雑誌、新聞、ミニコミ誌、グルメ情報誌、フリーペーパーなど、さまざまな活字媒体がある。

これらのなかで特に効果的なのが、有料のフリーペーパー誌への広告だ。この広告には、期間限定で使用できる割引クーポンが印刷され、顧客はそれを利用して来店する。しかし、今はどこの飲食店でもこうしたことを始めたために、競合は激しくなっている。

④パブリシティ（報道やニュース）

同じ記事でも、パブリシティは特に集客効果がある。顧客はこれらの報道を〝信じるに足る情報（ニュース）〟と受け止めるからだ。

特に、テレビ番組で取り上げられると、その効果は計り知れない。

しかし、このパブリシティは、店側の自由にはならない。マスコミ側の判断で取材するためである。

書店にあふれるグルメ情報誌・グルメ雑誌
他に街頭で配られるクーポン付グルメ情報誌やフリーペーパーもある

パブリシティを呼び込むコツは、常にマスコミ側に当店の情報を発信し続ける、地味な努力を続けることである。

■再来店の誘引

再来店の誘引とは、一度来店した顧客に〝また来てみたい〟と思わせる販売促進策である。

そのための手段と方法には、①御礼状、②口コミ型グルメサイト、③ポイントカードがある。

再来店の動機は、当然顧客が最初の来店で満足を得ることである。

①御礼状

顧客は飲食店にばかり行っているわけではない。毎日の仕事や、日常の雑事に追われてつい初回来店の感激を忘れてしまう。

そんなとき、初回来店のあの感動をふたたび思い出させてくれるのが、店から届く心のこもった御礼状である。

御礼状は、初来店時から3～4日以内に書かなければ効果は薄い。

特に、心のこもった手書きの御礼状は、人の心を動かす力があり、御礼状に勝る誘引策はない。

だが、曲った字や乱雑、丸文字、子供っぽい表現などは逆効果になりやすい。

その場合は、あらかじめ印刷してある文面を用意し、最後に数行直筆で書くとよい。

前回来店の感謝と、再来店をお待ちする姿勢を、素直に表現することである。

こうして再来店された顧客には、心からの笑顔でお迎えすることを忘れてはならない。

②口コミ型グルメサイト

ウェブ上のグルメサイトには、顧客の感想を書き込む口コミ型のサイトがある。

これは店側の努力ではどうにもならないが、〝来店して良かった〟という感想が多数書きこまれると、他の顧客がこれらを見て、来店してくることも多い。

逆に、不平不満や悪口に近い口コミが書かれる場合もあるので注意したい。

自店に有利な書き込みを増やすためにも、美味しい料理とホスピタリティにあふれたサービスを心掛けねばならない。

③ポイントカード

ポイントの付与は、最近どこでも行っている〝お得感〟を演出するサービスだが、リピート率が高く、効果的な販売促進策の一つである。

ポイントカードの入会申込書から貴重な顧客情報が得られる利点もあり、これからもポイントカードは大いに活用すべき販売促進ツールであると言える。

3 店舗力アップこそ無言の広告

第1節では、販売促進の究極の方法は、一人一人の顧客の個別の欲求をくみ上げて、それを実現することであり、それが「ワン・トゥ・ワン・マーケティング」の本質であると述べた。

顧客一人一人の「望み」や「欲求」の違いを認識し、それぞれ個々のニーズに合わせてアプローチするために、顧客情報を丹念に収集し、顧客の属性や顧客の履歴をコンピュータに登録し、データベース化することが必要だ。その元になるのは、ポイントカード入会時に書いてもらう申込書や、アンケート用紙、宴会予約台帳などである。

その場合、顧客の個人情報の取り扱いには、十分な注意が必要だ。無断で他用してはならない。

このデータベースに、ＰＯＳシステム（店舗内情報システム）やポイントカード・カードリーダー等の情報を重ね、顧客個々人の詳細な情報を得て、サービスや店舗運営に活用し、顧客の満足度を上げていくことである。

顧客が当店の常連客になることを、専門用語でいうと「愛顧客化」すると呼ぶ。

では、「愛顧客」とは何か。

簡単にいえば、顧客の〝行きつけの店〟になることだ。

そのために今まで述べたこと以上に、わが店の**「店舗力」**をアップさせ、顧客との強い絆を構築しなければならない。店舗力とは、**「メニュー力」「サービス力」「立地力」「マネジメント力」**を総合した店舗の持つ力のことである。

「メニュー力」とは、もちろん自慢できる看板メニューのことである。

当店がこだわりにこだわった一番人気の看板メニューを持っていれば、どんな競合相手が近くに出店してきてもびくともしないものである。その美味しい料理を生み出す主役は調理師だ。

「サービス力」とは、ホスピタリティあふれる、素晴らしいサービスに行きつく。〝○○様〟と顧客名で呼ぶ親しい関係づくりができていればサービス力も万全だ。

「立地力」とは、周辺人口が多く、人々が多く通る動線に立地し、ＴＧ（交通機関）からも近い、有利な立地に出店していることだ。こうした立地の良さがあれば鬼に金棒である。

「マネジメント力」とは、清掃と整理・整頓が行き届き、清潔感あふれる店づくりがなされ、教育が行き届き、気配りや明るい挨拶が飛び交う非常に高いレベルの店のことである。こういう店こそマネジメント力（経営管理能力）の高い店と呼ばれる。

これらの「力」の総合力が**「店舗力」**である。

「店舗力」を磨かずして、小手先の販売促進策をいくら弄しても、しょせん大したことはない。顧客から〝あの店は凄い！〟〝あの店は感動する！〟と評判を呼べば、何も特別な販売促進策など必要ない。

つきつめて言えば、真の店舗力の向上こそ、無言の販売促進策に他ならないということである。

演習問題 10

下記の３項目に関係ある用語を下記から３個選び、解答欄に記号で記入しなさい。

1. 顧客の認識
2. 見込み客の集客
3. 再来店誘引

【語群】

①折り込み広告	②データベース化	③IT 産業
④立地診断	⑤ファサード	⑥御礼状
⑦接客サービス	⑧ポイントカード	⑨口コミ型サイト
⑩店頭看板	⑪グルメサイト	⑫店舗力
⑬来店動機	⑭自店の HP	⑮雑誌など活字媒体

【解答欄】

1.			
2.			
3.			

解答　1. ①⑤⑩　2. ⑪⑭⑮　3. ②⑥⑧

第11章

飲食店経営の数値管理（1）

1 日々の計数

飲食店経営にとって、売上予算、売上実績、対昨年比、予算達成率、客単価、客数、食材原価率、人件費率などの経営数値は、非常に重要なものである。今まで、経営数値などに無縁の生活を送って来た調理師には、この計数を苦手にしている人が多い。だが、〝数値〟は慣れてしまえば難しいことではない。

それでは具体例をもとに、数値を分析してみよう。

たとえば、昨年同日の売上高を見てみる。昨年同日の売上高が10万円、今年の売上高は８万円と仮定しよう。

＊対前年比　８万÷10万×１００＝80％

昨年比80％の実績で、前年より20％も売上高が下がっている。

しかし、前年の今日は土曜日であり、今年は月曜日だから、お客様に飽きられたというわけではなさそうだ。

問題は、今年の先週土曜日の売上高がどうかである。

前年と比較するとどうか調べてみよう。

今年の先週の土曜日は、11万円売り上げている。前年の土曜日と比較すると1万円多く売っている。

前年の土曜日（10万円の売上）の客数を見ると90名で、客単価が約１１１０円だった。

先週土曜日の客数は同じく90名で、客単価は約１２２０円である。

客数は前年と同数なのに、客単価が違う。

これはどうしてなのか。前年と経営環境を比較してみよう。

半年前、隣りの駅前に、フランスで修業したシェフが「リストランテQ」をオープンさせた。その影響でわが店も一時売上高が下がったが、さまざまな努力の結果、元に戻すことができた。

本当に立ち直れたのか。

本当に立ち直った証拠が数値に表れている。客数が昨年と同等の数字に戻っているのが何よりの証拠だ。

では客単価はなぜ上がっているのか。

店頭で、自家製のケーキやデリカテッセンを売っているファストフード・レストラン

それは、「リストランテＱ」に対抗するため、当店のレジ周辺に、お持ち帰り用の自家製ケーキとデリカテッセン（惣菜）のコーナーを作り、販売し始めたからである。

土曜日なら1日30パック売れる。その平均単価が３３０円で、３人に１人のお客様が購入し、その結果今年の先週の土曜日は、１万円近い売上増になっているのである。

こうして出てきた数値をいろいろな数値と比較すると、その変化の理由が明らかになる。

このように、計数管理で大事なことは、「大雑把に数字で流れをつかみ、それぞれの背景や理由や原因を探しだして、数字が変化している真の原因を明確にすること」である。

計数管理でもう1つ重要なのは、「予測力」である。

「予測力」とは、昨日までのことを分析しながら、今日のことを予測し、そして明日以後のことを予測し、しかるべき手配（人員手配、食材発注、仕込み、営業準備）を行うことだ。

たとえばトンカツ店では、来店客数によって必要な食材の量・数が違ってくる。

つけあわせのキャベツ1人平均約１００グラムとして、お客様20名ならば最低2キロは必要になる。さらにプラスアルファも用意する。

ひょっとしたら、あと10人突然入るかもしれない。もしかしたら、雨が降って15人に減るかもしれない。そこで天気予報などを聞きながら、どうなるかを厳密に予測するのである。

昨日までのことを分析して、今日のことを予測する。予測しながらも手は休ませない。働きながら頭をフルに活用し、予測し手配していくのである。

この予測は、食材だけではない。

トイレットペーパーは何個在庫があるか。計算したら、10万円の売上ごとに8個使われていたので、売上高1・2万円ごとに1個の割合ということになり、もしも今日の売上予測が10万円なら、予備も入れて棚に10個あれば間に合う。

お客様に出すオシボリも、11時半のオープン時には、オシボリウォーマー（保温庫）には何本入っていればよいだろうか。

答えはお昼に20人、ひょっとしたら30人来店するかもしれないから、30個入れて温めておけばよいのである。

さらに大事な予測がある。それは、その日の「人員シフト」である。

今日は、誰が何時から、何人入るだろうか。仕事の段取りをどうつけるかの大事な判断が、この人員シフトにある。

人員シフトの管理は難しい。しかし、それをしっかりやらなければ、人手不足で仕込食材が不足したり、料理の提供が遅れたり、サービスに支障が出ることになり、飲食店の繁盛はない。

このように、日々の売上、経費、在庫、人員シフトなど、数値に関することを常に頭に入れ、考えながら仕事をするのが計数能力である。

毎日の数値の微妙な変化を観察し、その問題点を読み取り、的確な対策を先手で打つことが大切なのである。飲食店経営知識のなかで、非常に重要なのが、この仕事に関する数値を常に頭に入れておくことである。

2 FLコスト

飲食業のコスト（経費）には2大費目がある。

それは、フードコスト（food cost）＝食材費と、レイバーコスト（labor cost）＝人件費である。

これを、フードの「F」とレイバーの「L」をとって「FLコスト」と呼称している。

このFLコストが、対売上比で60％前後に納まらなければ、経営が成り立たないのが飲食店経営だ。

業種・業態により多少異なってはいるが、飲食店一般では「Fコスト」は30％が適正だ。

図表11―2では、実際の外食企業の食材原価率平均が、約40％になっている。

だが、これは持ち帰り寿司・弁当・総菜（料理品小売業と呼ぶ）を含んだ数値である。飲食店のみの平均では食材原価率は35％になる。

「Fコスト」は30％が目標と言っても、どうしてもその範囲では収まらず、少し超えてしまうのが現実だ。

では、「Lコスト」はどうだろう。

図表11-1　一般的な飲食店の平均的な経費率

費用項目	内　　容	対売上比率
食材費	仕入食材費	30%
	仕入飲料費	
	副食材費（調味料など）	
人件費	正社員人件費	30%
	パート・アルバイト人件費	
	福利厚生費（各種社会保険など）	
家賃	賃貸費	8%
	共益費（供用部負担など）	
水道光熱費	電気	6%
	ガス	
	水道	
諸経費	修理費（機材の修理費など）	1%
	消耗品費（調理・ホールの備品）	2%
	販売促進費（広告・PRなど）	3%
	雑費（洗濯代、交通費など）	1%
	その他費用（各種会費など）	1%
減価償却費	投資回収	8%
経費合計		90%
営業利益		10%
総合計		100%

＊飲食店の業種・業態によって食材費（Fコスト）比率には差がある。たとえば、魚価の高い高級寿司店では40%を超えるが、飲料中心の喫茶では30%を下回る場合もある。

図表11-2　株式公開している外食企業54社の経営指標
（売上高対食材原価率＝Fコスト）

業種・業態	平成16年	平成17年	平成18年	平成19年
ファストフード（10社合計）	43.6	43.3	44.3	46.1
ファミリーレストラン（13社合計）	33.9	33.4	33.2	33.0
ディナーレストラン（6社合計）	43.5	43.4	43.4	41.5
居酒屋（6社合計）	32.7	32.2	31.6	31.8
そば・うどん（3社合計）	44.8	45.7	46.6	46.2
回転寿司（4社合計）	40.8	40.2	39.5	38.4
ラーメン（5社合計）	32.2	32.0	32.5	31.7
持ち帰り寿司・弁当・総菜（5社）	49.9	49.4	49.6	49.9
喫茶店（2社合計）	27.1	27.8	27.7	28.0
全体54社合計の平均	39.7	39.3	39.4	39.6

出典：「外食産業統計資料集2009年版」（財）外食産業総合調査センター

図表11—3には、同じく上場した有名外食企業の人件費率の平均が示されている。これが約24％なので、「Fコスト」とあわせると約60％になる。

飲食店の経営では、FLコストが一番重要である。それは、いろいろな経費の中で、FLコストの占める割合が最大だからである。

数値管理で重要なことは、前節で述べたように、数値をもとに考えたり、予測することだ。

次に重要なのは、目標数値を掲げ、その数値に近付けるようにコントロールすることである。

数値コントロールのポイントは、大きな費用を優先的に管理することだ。

Fコスト（食材費）は、売上に応じて

図表 11-3　株式公開している外食企業 54 社の経営指標
（売上高対人件費率＝L コスト）

業種・業態	平成 16 年	平成 17 年	平成 18 年	平成 19 年
ファストフード（10 社合計）	20.7	20.3	20.1	19.4
ファミリーレストラン（13 社合計）	26.8	27.5	27.1	27.1
ディナーレストラン（6 社合計）	22.7	22.6	22.9	23.9
居酒屋（6 社合計）	26.9	26.9	27.1	27.1
そば・うどん（3 社合計）	23.9	24.2	23.5	24.4
回転寿司（4 社合計）	23.7	25.1	25.2	25.4
ラーメン（5 社合計）	27.9	28.8	28.3	28.9
持ち帰り寿司・弁当・総菜（5 社）	16.9	17.6	18.1	18.1
喫茶店（2 社合計）	27.6	27.8	27.8	27.9
全体 54 社合計の平均	23.3	23.7	23.7	23.6

出典：「外食産業統計資料集 2009 年版」（財）外食産業総合調査センター

変動する「変動費」である。

　売上が低くなれば、それなりに使用する食材も減少し、食材量も抑制される。

　だから、Ｆコストの管理にはそれほど問題はない。もちろん、ロスや仕込み食材の廃棄などが発生するので、十分に注意する必要はある。

　問題は「Ｌコスト」（人件費）である。

　人件費は放っておくと、ぐんぐん増える。これを、何としても目標の30％以下に抑えこまなければならない。

　そこで、ＬコストもＦコストと同じように、「変動費化」すると良いのである。

　人件費の変動費化とは、パート・アルバイトの活用である。

　人件費は、昔から「固定費」と呼ばれてきた。しかし、時代は変わった。

いつまでも人件費を固定費として考えていると、飲食店を経営する会社は存続していけないのが現代社会である。

パート・アルバイトを活用することで、Ｌコストは変動費に変わる。〝変動〟とは、忙しい時に多くのパート・アルバイトをシフトに入れ、暇な時にはパート・アルバイト人員を、少人数しか使わないようにすることである。

現在、飲食店の現場には、多くのパート・アルバイトが勤務している。

これは、Ｌコストの変動費化の結果である。

ところがそこに大きな問題が潜んでいる。パート・アルバイトは素人であり、仕事に習熟していない点だ。

だから、就業ルールやマニュアルを完備し、彼らにやる気になってもらわねばならない。またこうしたパート・アルバイトの上司は皆さんである。今まで学んだ知識を活用し、仕事を短期間で上手に教え、いきいきと働いてもらう指導法を確立しなければならない。

第９章で述べた、ロールプレイング教育や、やる気を出させるＯＪＴ教育が、ここで役に立つ。

人手をたくさん使う飲食業においては、従事する人材のレベルが問題になる。

つまり、高いレベルの人材をいかに多く仕事に従事させるかによって、勝敗が決するのである。

理想的なことを述べると、レベルの高い従業員が、平均より少ない人員と短時間労働で、平均を上回る仕事量をこなし、顧客満足を達成しなければならない。

　そしてまた、職場で先頭に立ちＦＬコストをコントロールしていくのは、経営知識を身につけた新しい時代の調理師である皆さんなのである。

3 数値コントロールのコツ

　業界関係者に、〝数値は難しい〟と思いこんでいる人が多いが、それは細かい数値や経費項目にとらわれ過ぎるからである。

　経理の帳簿には細かい費用が書いてある。交通費、通信費、支払運賃、什器・備品購入費、消耗品費、町内会費、社員教育費、交際費など、多くの費用項目がある。

　確かに、これらの費用を湯水のように浪費すればとんでもないことになる。

　しかし、一定の額に収まっていれば大した問題ではない。

　これら費用項目の中で、対売上比率10％を超える費用はＦＬコスト以外に存在しない。

　数値コントロールをする際に、細かい部分にこだわりすぎると、大きな部分を見失う。

　こんな例がある。

　〝経費削減のために水道の元栓を調節し、あまり水が出ないようにしています〟という関係者がいた。

〝勘違いしてはダメだ〟と諭した。

水道光熱費の割合は、①電気、②ガス、③水道の順で、地方によって多少の差はあるが、この割合はだいたい①３％、②２％、①１％である。

月々の電気代が10万円とすれば、ガス代は約６万円、水道代は３万円だ。

わが国は、国土の中央を高い山脈が走る特異な地形である。その高い山に、海から水分を含んだ雲がぶつかり、豊富な雨と雪になる。ゆえに、地方によって多少の差はあるが、夏の渇水期以外に、水には困らないという恵まれた国土で生活をしている。

しかし、電気は原油を燃やす火力発電と危険な原子力によって生産される。

原油は１００％輸入である。原子力はご存知のように、厳しい管理が必要で、安全対策に膨大な費用がかかる。

以上の理由で電気代が一番高い。

もうおわかりであろう。

国土に豊富な水がある日本の風景

経費削減のため、水道光熱費をコントロールする場合には、まず気をつけなければならないのは「電気代」なのだ。前述した〝経費削減のため水を出にくくしている〟というのは、あまり意味のない方法である。

このように、経費コントロールにはコツがある。数値は苦手だと考えずに、積極的に飲食店の計数を学んで職場で大いに活用してもらいたいものである。

演習問題 11

下表は、一般飲食店の平均的経費率であるが、空欄に正しい数値を記入せよ。

費用項目	内　　容	対売上比率
食材費	仕入食材費	（　①　）％
	仕入飲料費	
	福食材費（調味料など）	
人件費	正社員人件費	（　②　）％
	パート・アルバイト人件費	
	福利厚生費（各種社会保険など）	
家賃	賃貸費	（　③　）％
	共益費（供用部負担など）	
水道光熱費	電気　　3％	（　④　）％
	ガス　　2％（LP ガス除）	
	水道　　1％	
諸経費	修理費（機材の修理費など）	（　⑤　）％
	消耗品費（調理・ホールの備品）	（　⑥　）％
	販売促進費（広告・PR など）	（　⑦　）％
	雑費（洗濯代、交通費など）	（　⑧　）％
	その他費用（各種会費など）	1％
減価償却費	投資回収	（　⑨　）％
経費合計		90％
営業利益		（　⑩　）％
総合計		100％

【解答欄】

①	②	③	④	⑤
⑥	⑦	⑧	⑨	⑩

解答　①30　②30　③8　④6　⑤1　⑥2　⑦3　⑧1　⑨8　⑩10

第12章

飲食店経営の数値管理（2）

1 POSシステム

これからこの章でとりあげるのは、現在急速に進んでいるレジスターや注文方法のコンピュータシステムに関してである。こうした進んだ方法を、日本の飲食店も取り入れていく時代であるので、調理師の皆さんも十分学んで、活用できるようにしてもらいたい。

「ＰＯＳシステム」とは、販売時点情報管理（point of sales system）の略である。具体的には、レジスターに残された販売データを、パソコンなどに取り込んで経営情報として企業経営に活用するシステム全体のことである。

ＰＯＳシステムを活用すれば、顧客がいつ、何名来店し、何を食べたのか、その客単価はどうか、現在の売上高や利益はどうか……などの情報を瞬時に知ることができる。

このＰＯＳシステムは、コンビニなどで使用されているＰＯＳとは多少異なっている。

飲食店の場合は、ＯＥＳ（オーダー・エントリー・システム）とＰＯＳを併用しているのである。

ＯＥＳとは、ホールスタッフが手に持っているハンディターミナル（小型携帯端末）に、あらかじめ店のメニューのデータを入力しておき、それを使用して顧客の注文を聞き、料理名と人数を入力し注文を受けるやり方である。

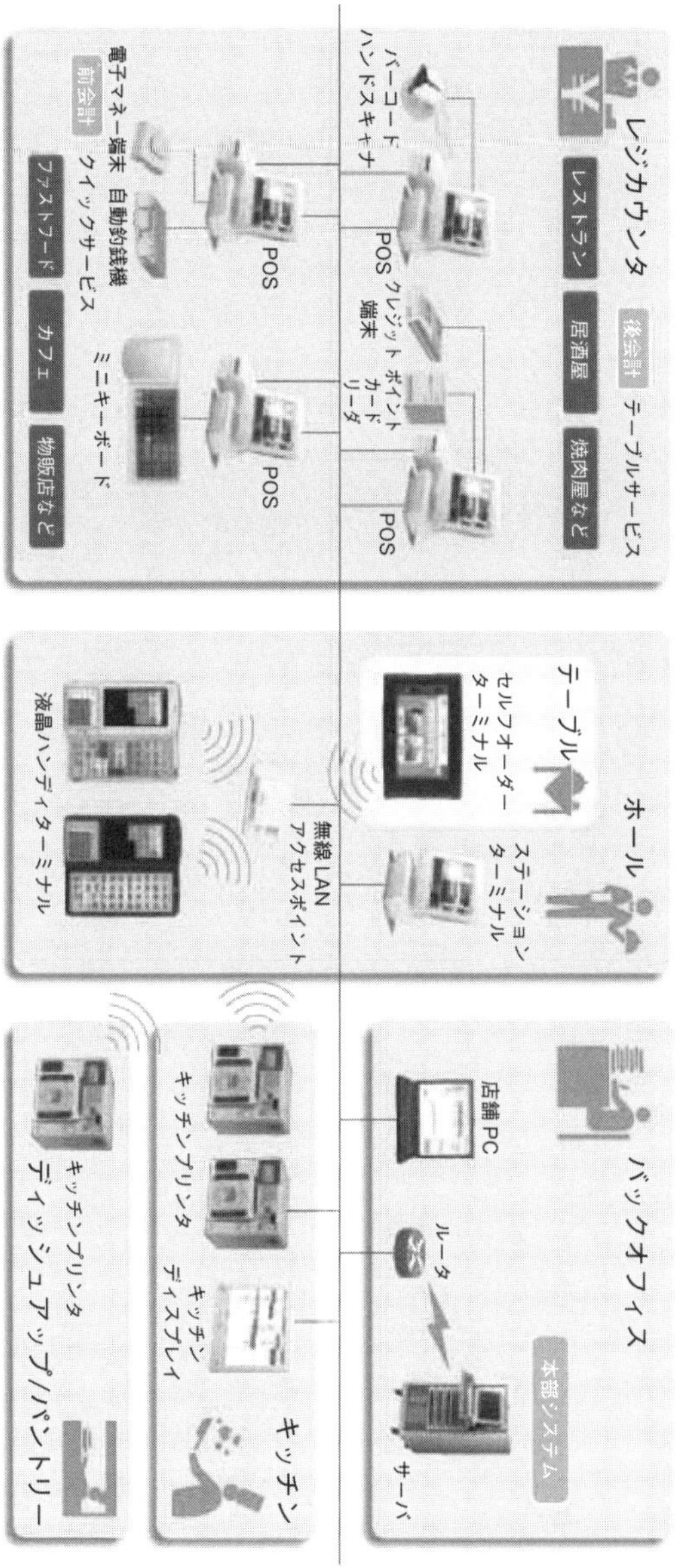

図表12-1　POSシステムの全体構成図

資料提供：NECインフロンティア株式会社

その注文情報が調理場へと無線で送られると、調理場ではプリンターから伝票がプリントされて出てくる。それに従って、食材を調理してディッシュアップし、顧客に提供するのである。

図表12―1でわかるように、ＰＯＳとさまざまなＩＴシステムが連動し、いろいろな事ができるようになっている。

コンピュータにレシピの内容を登録しておくと、食材使用量が自動計算され、Ｆコスト（食材費）はもちろん、食材の在庫数を専用端末に入力すると食材発注が自動的にできる（定量自動発注）システムも、導入されつつある。

もちろん、売れ筋メニューや死に筋メニュー（売れないメニューのこと）、その売れたメニュー数まで一瞬で判明するので、今後メニューをどのように変えていけばよいかの重要な判断材料になる。

■ＰＯＳシステム導入のメリット

今、急速に導入が進んでいるＰＯＳシステムは、飲食店にとって多くの利点がある。それは以下の通りである。

・注文受け作業がスピードアップ
・注文の受け間違いが少なくなる
・オーダー通しに間違いがなくなる

図表12-2　店舗別売上推移表
チェーン店や支店経営の場合、各店の経営状態も一目でわかる

店舗		月間予算	1(月)	2(火)	3(水)	4(木)	5(金)	6(土)	7(日)	8(月
0000000000001	ﾋﾞｯｸｻｲﾄ1	23,000,000	0	0	0	0	0	0	0	
0000000000005	デモ店	0	0	0	0	0	0	0	0	
0000000000101	本部	0	0	0	0	0	0	0	0	
0000000000102	神田店	20,500,000	445,095	495,776	801,934	1,065,431	484,071	504,403	616,469	445
0000000000103	東京店	20,000,000	413,223	461,444	701,763	810,328	401,329	390,718	321,764	416
0000000000107	有楽町店	20,000,000	308,340	270,155	498,805	749,880	252,474	218,063	267,580	313
0000000000108	新橋店	21,600,000	0	0	0	0	0	263,312	251,945	169
0000000000109	浜松町店	21,000,000	0	0	0	0	0	0	0	
0000000000110	田町店	19,800,000	320,324	331,670	574,813	604,892	245,583	216,503	342,713	332
0000000000111	品川店	18,500,000	0	0	0	0	0	0	0	
0000000000112	大崎店	19,800,000	0	0	0	0	210,561	234,247	298,681	197
0000000000113	五反田店	21,500,000	0	0	0	0	0	0	411,261	430
0000000000114	目黒店	21,500,000	236,881	237,648	612,050	792,833	249,666	251,493	297,144	290
0000000000115	恵比寿店	19,800,000	0	0	0	0	0	0	0	
0000000000116	渋谷店	18,900,000	0	0	0	0	0	0	0	
0000000000118	原宿店	19,800,000	0	0	0	0	0	0	256,524	204
0000000000119	代々木店	22,000,000	0	0	0	0	0	0	0	
全店計		1,227,490,000	4,168,279	4,619,240	7,735,598	9,466,368	4,407,885	4,761,029	6,206,434	5,642

資料提供：NECインフロンティア株式会社

・料理の提供時間が短縮する
・ホール作業に余裕ができて、接客サービスが向上する
・ホール全体のオーダー状況を確認し、追加注文などスムーズに行える
・各テーブルのチェックがモニター画面でできる
・会計時間が短縮し、会計間違いが減少する
・売れ筋や死に筋メニューが一瞬でわかる
・時間帯別、価格帯別の販売動向が一瞬でわかる

その他にもさまざまなデータを集め、瞬時にその状況を店長室などのパソコン画面に映し出し、経営の判断材料として、分析・活用することができ

図表 12-3　メニュー ABC 分析表

メニュー	単価*	ﾗﾝｸ	順位	売上金額	構成比	累 計 構成比
0000000000105　200g和牛ステーキS	2,000	A	1	1,417,943	7.4	7.4
0000000000131　200g特選牛ロースS	2,400	A	2	1,389,555	7.2	14.6
0000000000107　300g和牛ステーキS	2,430	A	3	913,572	4.8	19.4
0000000000293　ｽﾍﾟｼｬﾙL	1,000	A	4	908,981	4.7	24.1
0000000000129　300g特選牛ロースS	3,280	A	5	797,010	4.1	28.3
0000000000348　１８０ドリンクバー	180	A	6	795,778	4.1	32.4
0000000000186　ｽﾍﾟｼｬﾙS	1,380	A	7	669,280	3.5	35.9
0000000000328　ランチサラダバー単品	350	A	8	664,510	3.5	39.3
0000000000309　ｽﾗｲｽｽﾃｰｷとﾊﾝﾊﾞｰｸﾞのL	840	A	9	553,502	2.9	42.2
0000000000211　ステーキﾊﾝﾊﾞｰｸﾞ ﾚｷﾞｭﾗｰS	1,220	A	10	479,448	2.5	44.7
0000000000187　BigｽﾍﾟｼｬﾙS	1,600	A	11	467,179	2.4	47.2
0000000000103　150g和牛ステーキS	1,800	A	12	466,187	2.4	49.6
0000000000126　150g特選牛ロースS	2,080	A	13	455,507	2.4	51.9
店 合 計				19,208,182	100.0	

注：上表は数表だが、操作するとABC分析グラフになる
資料提供：NECインフロンティア株式会社

る。

これらのデータをサーバーに蓄積しておき、さまざまな分析を行い、より有効に飲食店の経営に活用することもできる。

レジスターのモニターでこれらの情報を映すこともできるが、レジ周辺は狭くて操作がしづらいので、できれば、店長室や事務所のパソコンで、しっかりデータ分析を行う必要がある。

そして、他の経営情報と連動させ、もっと高度に活用することも可能になる。

たとえば、タイムレコーダーやＩＤ(電子身分証)カードリーダーに接続し、従業員の勤怠管理がシステム化さ

図表12-4　フロアマネジメント機能
ホールの各テーブルごとの管理が可能となり、追加オーダーにも利用される

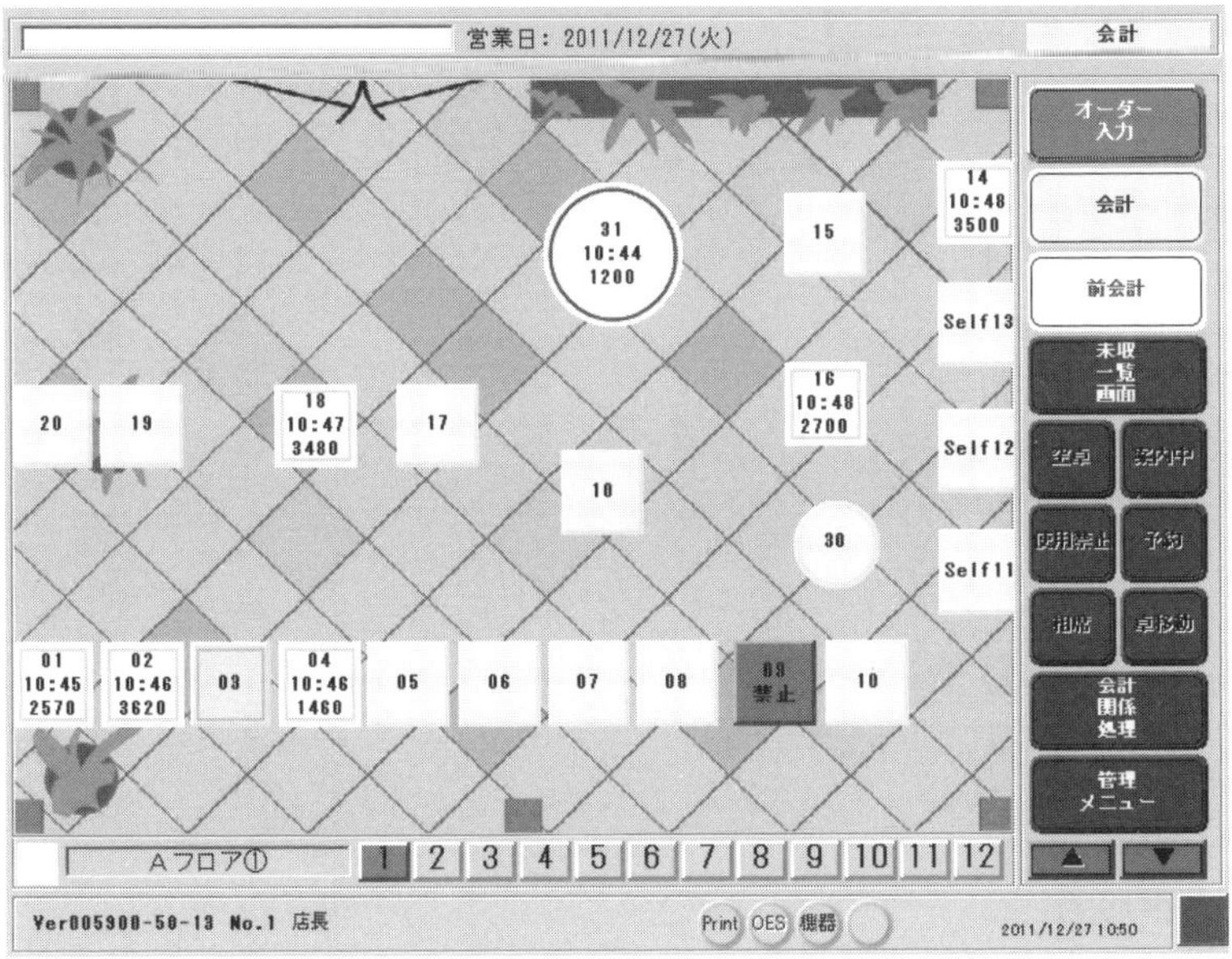

資料提供：NECインフロンティア株式会社

れていれば、Ｌコスト（人件費）コントロールが非常に簡単に行える。

この他、ＯＥＳとＰＯＳ、そしてさまざまなＩＴシステムとを連動させ、飲食店の経営を一瞬で把握することが出来るようになっている。図表12―4のフロアマネジメント機能はその例である。フロアの各テーブルの状況がパソコン上でわかるシステムである。

わが国の飲食店経営や経営管理（マネジメント）のレベルが飛躍的に向上した一因が、このＰＯＳシステムの導入であるといわれている。

2 POS情報と損益計算書

さて、POSで得られた情報を、分析し活用するには、「損益計算書」が役に立つ。高校で商業簿記を学んだ方は、〝企業の財務諸表には、「損益計算書」と「貸借対照表」がある〟と教えられてきたはずだ。

店舗ごとの損益計算書は、主に店の損益、つまり当店は利益が出ているのか、赤字なのかを見るために有益な帳票である。

貸借対照表は、どの程度財産や借金があって、どの程度在庫があるのかを見るものである。専門用語でいうと、自己資本と他人資本とのバランス、在庫＝資産の割合を見る帳票である。

■損益計算書

飲食店で一番重要なのは損益計算書である。

商業簿記では、まず「仕入」と「在庫」が大きなテーマになる。そのため商業簿記の損益計算書では、売上高から売上原価（食材費）を引き、売上総利益を求める。売上総利益のことを一般には「粗《あら》利《り》益《えき》」と呼んでいる。

普通、ファッション専門店やスーパーやコンビニのような物販業では、売上原価率は65～80％に

図表 12-5　損益計算書の例

売上高　（100%）	売上原価（食材費） 　期末棚卸高 　当期仕入高 　期末棚卸高	（　　%）
	人件費	（　　%）
	役員報酬	（　　%）
	社員給与	（　　%）
	パート・アルバイト給与	（　　%）
	福利厚生	（　　%）
	家賃	（　　%）
	共益費	（　　%）
	水道光熱費	（　　%）
	電気	（　　%）
	ガス	（　　%）
	水道	（　　%）
	店舗施設費（リペア）	（　　%）
	販促費	（　　%）
	店舗用消耗品	（　　%）
	雑費	（　　%）
	その他費用 　車両燃料費 　保険料	（　　%）
	減価償却費	（　　%）
	営業費合計	（　　%）
	営業利益	（　　%）
	営業外費用	（　　%）
	経常利益	（　　%）
総売上高　（100%）	総計	（100%）

図表 12-6　貸借対照表の例

資産の部		負債および資本の部	
流動資産		流動負債	
	現金・当座預金		支払手形
	その他預金		買掛金
	受取手形		短期借入金
	売掛金		その他流動負債
	材料	合計	
	商品	固定負債	
	所蔵品		長期借入金
	その他流動資産		その他固定負債
合計		合計	
固定資産		自己資本	
	土地・建物		資本金（出資金）または元入金
	設備資産		法定準備金
	建設仮勘定		剰余金
	無形固定資産		当期利益
	投資等		
合計		合計	
	繰延資産		
合計		合計	

達する。

たとえば、スーパーマーケットでは、平均75％が売上原価率である。

スーパーやコンビニのような物販店では、粗利益率は25％しかない。

ところが飲食業では、食材原価率は30％前後なので、粗利益率が70％にもなる。

だから、〝飲食業は儲かる！〟などと軽率に考えてはならない。

飲食業には人件費という大きな営業費用が存在し、この人件費（Lコスト）と売上原価である食材費（Fコスト）とを合計したFLコスト＝60％で、経費をコントロールをしていかないと、利益を捻出することはできないのである。

■在庫の考え方

物販業と飲食業には〝在庫〟の考え方にも大きな違いがある。

物販業では、在庫は資産である。

わが国の飲食業においては、在庫にはあまり価値はない。野菜や魚や肉などの生鮮食品が中心なので、仕入れた食材はすぐに使い切るからである。

ちなみに、ヨーロッパの飲食店はそうではない。長期保存食を多用するイタリアンやフレンチは、瓶詰・缶詰・チーズ・乾燥食材（粉・乾麺）・ワインの在庫が圧倒的に多い。

ゆえに、イタリアンやフレンチの洋食店は在庫に大きな価値があり、在庫を無視しては経営が成り立たない。

生鮮食材中心のわが国の飲食店では、1年前の小麦粉でケーキを焼いたり、10ヵ月前に仕入れた蕎麦粉で蕎麦を打ったりすると、顧客に見捨てられ店はつぶれてしまう危険性がある。

以上の理由から、わが国の飲食店の経営を分析する時に役立つのは損益計算書で、貸借対照表はあまり重要視されていない。

■人件費の変動費化

人件費が固定費として考えられている従来の考え方にも注意が必要だ。

飲食業では、忙しい時間帯はせいぜい2時間程度だ。

ランチなら昼の11時半から13時半、夜のディナーでも19時から21時頃がピークなのだ。

そのため、物販業と違い、忙しい短時間に多くの人手が集中する。それをすべて正社員で埋めていたのでは赤字になってしまう。

正社員の給料は固定費だ。拘束8時間の正社員を、このピークのために何人も雇用するわけにはいかない。

よって、自然にパート・アルバイトのような短時間雇用の働き手が主力になる。

飲食業では、人件費の半分はパート・アルバイトと割り切って、「変動費的人件費」を大いに活用しなければならない。

このような情報を、損益計算書のフォーマット（書式）に落とし込み、POSシステムで集めた数値情報を取り込んで、瞬時に損益計算書を作成し、飲食店の経営に活かさなければならない。

このような事情で今ではPOSシステムは、飲食店経営には不可欠のツールとなっている。

3 経営は「ヒト」「モノ」「カネ」「情報」の上手な組み立て

飲食業界人が一番苦手とする数値に関して、かなりのページを割いて述べてきた。

なぜ数値をテーマに長々と述べなければならないかといえば、数値は経営の実態を把握するために、絶対必要な情報だからである。

では、「経営」とは何か、今まで学んだことをふり返りながら述べていこう。

「経営」とは一言でいえば、「ヒト」「モノ」「カネ」「情報」という4つの要素の上手な組み合わせである。

■ヒト＝人材

飲食店経営の中の「ヒト」とは、飲食店で働くスタッフ・従業員のことである。

飲食業は、基本的に「ヒトの手＝人手」によって成り立っている。

最近は、フリードリンクやサラダバー、ブッフェ（食べ放題）など、人手を必要としないセルフサービス形式を導入する店も多くなってきたが、基本はヒトであり、ヒトなしには飲食店は成り立たない。

人手をたくさん使うビジネスにおいては、従事するヒト（＝人材）のレベルが問題になる。つまり、高いレベルの人材がどのくらい多く、その店で仕事をするかによって、経営の勝敗は決するのである。

そういう人材を他からスカウトしてきたのでは、費用がかかり過ぎる。

〝レベルの高い人材をいかに自前で育てられるか〟これが非常に重要なのである。ゆえに、調理師の皆さんがさまざまな知識を身につけ、部下を上手に育てることが大切なのである。

■モノ＝料理や食材

次に重要なのは、「モノ」である。

飲食店にとって「モノ」とは、料理であり、食材である。

飲食業界で勝ち残るには、メニューや料理に、特別の強い競争力がなくては話にならない。

つい数年前、「隠れ家系居酒屋」なるスタイルが流行した。薄暗い個室居酒屋で、ジャズなどを聞きながらお酒が飲める店である。当初は、若者に圧倒的な人気を博し溜まり場となったが、現在は料理がしっかりしているお店以外は、閑古鳥が鳴いている。

カフェ・ブームも同じ傾向だ。〝しっかりした美味しい料理〟を提供しているカフェは生き残っているが、単なるブームに乗ったお店は、悲惨な結末になっている。

このように飲食店は、流行のスタイルだけではなく、その基本にしっかりとした調理技術・メニューの力がなければならない。また現在は、料理に使う食材の安全・安心が問われている。顧客に支持されるには、こうした安全で安心な履歴のしっかりした食材を美味しく調理できる店でなければならない。

■カネ＝売上高と経費と利益

次は「カネ」である。

これは売上高と諸経費と利益のことである。第一に、目標売上高（売上予算）を達成することだ。

売るだけではない、ＦＬコストのような諸経費をコントロールし、目標の利益を確保しなければならない。そのためにも、経営に関する数字や計数に強くならなければならない。

■情報

そして最後は「情報」である。

飲食店の経営は〝予測業〟であるといわれる。

予測とは、将来起こりうることに対して仮説をたて、具体的に実践し、その結果を検証し、問題点・反省点を分析し、次の仮説に活かすということの繰り返しである。

この予測に影響を与えるのが「情報」だ。

情報には、内部情報（ＰＯＳ情報、日報、従業員勤怠情報、食材在庫、発注・納品情報、メンテナンス点検情報など）と、外部情報（顧客情報、地域情報、競合店情報、季節情報）がある。

これらの情報をすばやくキャッチして、予測や仮説に活かし、機敏で具体的な対応がとれるかどうかが、日々の店舗経営のなかで問われているのである。

これら「ヒト」「モノ」「カネ」「情報」を上手に組み合わせ、飲食店経営を成功させねばならない。飲食店は、小規模でも企業として営まれている。企業は常に競争しており、その競争に勝つことが、飲食店の永続性を保証するものである。

数値をもとにした計数能力とは、その意味で、まさに、経営を成功させるために不可欠な経営能力そのものに違いないのである。

演習問題12

次の語句と関係ある用語を結びつけ、解答欄に記号で答えなさい。

【語句】

1. ハンディーターミナル
2. 損益計算書
3. 貸借対照表
4. OES
5. ABC分析

【用語】

A. 主に店の損益、当店は利益が出ているのか、赤字なのかを見るためのもの
B. 顧客の注文を入力し、無線で調理場へ伝える小型の機械
C. 何が売れているのかをランキングで分析するシステム
D. どの程度“借金があるのか”“在庫があるのか”を見るもの
E. ホールと調理場を無線でつなぎ、自動でオーダーを通すシステム

【解答欄】

語句	1.	2.	3.	4.	5.
用語					

解答　1. B　2. A　3. D　4. E　5. C

第13章

飲食店の事業計画

1 新規開業の夢

第1章で述べたが、調理師を志望している人たちのほとんどが、将来の独立を夢見ている。〝一国一城の主《あるじ》〟になる夢を夢で終わらせないためにも、この章の事業計画の内容をしっかり、学んでほしい。

事業（または開業）計画とは、独立して飲食店の経営者になるための計画のことである。

■開業計画書（ビジネスプラン）とは何か

開業の計画を銀行などに提出するための書類を、「開業計画書（ビジネスプラン）」と呼ぶ。

ビジネスプランは、これから起こそうとする事業（起業）の概要を書面に表したものである。

成功した起業と、失敗した起業の違いの一つに、このビジネスプランをきちんと立てたかどうかがある。

調理師が独立して飲食店を経営するのは、夢の実現である。夢の設計図がビジネスプランである。夢を実現するためには、ただ単に夢見るだけでは成し遂げられない。緻密な計算と、厳しい経営者としての〝飲食店経営を見る目〟を養わなくてはならない。

なぜ銀行や金融機関に開業計画書を提出して交渉するのか。

それは、今の日本で飲食店を開業するには、かなりの「資金」が必要だからだ。

もう戦後の混乱期ではないから、小屋のような粗末な店で飲食店を開業しても顧客は来てくれない。

顧客が今、飲食店に求めているものは、レベルが高い。

顧客はただ単に、〝美味しい料理を食べたい〟とか〝珍しい料理に舌鼓を打ちたい〟などと考えているのではない。

料理を食べて健康になりたいとか、美容に良い料理を食べたいとか、友と楽しく過ごしたいなど、顧客が飲食店に求める欲求はさまざまだ。

その高い欲求に応えるためには、店舗のデザインや内装、トイレ設備に至るまで、かなりの投資金を必要とするのである。

その資金は、仕事をしながらコツコツ貯めた自己資金だけでは、到底まかないきれない。そのため、不足している資金を金融機関からの「借入金」で補わなければならない。

ここに開業計画書を書く意味がある。

服部栄養専門学校の同窓会誌「Fukuyu」
独立して店を持った卒業生も数多く掲載されている

図表 13-1　独立開業の決意の例

決意

飲食業で生計を立てていくのは大変なことだと思う。

がしかし、一度決心し、この道に踏み込んだ以上、何としてでも数店舗をチェーン展開できるような、1 つの外食企業としての確立を目指したい。

今後は、どのような困難にぶち当たろうとも不退転の覚悟で臨みたい。

経歴

【生年月日】1960 年（昭和 35 年）北海道生まれ

大学卒業後大手スーパーに入社、その後米国ゼミに参加し、外食産業の可能性に着目。ファミリーレストランに入社後、調理師資格取得。1990 年外食企業に幹部でスカウトされ、店舗開発部長を歴任し、在職期間中 100 店舗の開発に携わる。2000 年、専門能力開発のため専門学校ビジネス教育研究所に移籍。大手外食コンサルティング企業に転籍し、2004 年同社を退職、同年（株）フードサービスを起業。

今後の夢

平成 24 年 4 月末日　海老名店をオープンさせ、レストラン経営のノウハウを確立し、人材育成にはげむ。平成 25 年には、2 号店を同じ都市か隣接都市に出店したい。平成 26 年 3 号店を計画。平成 28 年には、獲得した経営ノウハウをもとに、FC システムを開発し、FC ビジネスとして事業を全国展開したい。

最初のページで、独立・開業の堅い意志をしっかり表明することが必要だ。

その決意が、銀行や金融機関を動かすに違いない。

強い意志を持ち、事業の成功を力強く訴えることが、まず融資を引き出し支援者（出資者）の援助を引き出す第一のポイントである。

ビジネスプランは何度か書き直す必要がある。そのたびに、だんだんと内容がレベルアップしていくように心掛けたい。

次にモデルケースとして、15坪（49・5平米）の小規模なレストランを事例に、具体的なビジネスプランを書き上げてみよう。

2 ビジネスプランの作成

店名は「居食屋　楽家本店」と仮定し、まずは物件調査である。

物件調査の過程で、当初考えていた〝こんな店をやりたい〟というこちら側の希望と、候補の店舗物件の商圏の内容が違っていることがある。

そんな場合、その物件を諦めて違う場所で店舗物件を探すか、それとも多少の修正を加えてビジネスプランを書きなおし、開業準備に入るかであるが、今回は多少の修正を加えて、開業準備に進むことにする。

■業態コンセプト

不動産業者からの紹介で店舗物件が見つかり、物件の「商圏」を調べてみる。

第5章で学んだように、市役所で周辺の人口などを調べ、実際に歩いて周辺を丹念に調査する。図書館で、「〇〇市広域商業診断」などの資料があれば、難しい内容も含まれているが、大いに参考になるので借りて読んでみよう。

図表 13-2　物件概要

住所　神奈川県海老名市山下町 2-7-6
面積　15 坪（49.5 平米）
構造　軽量鉄骨 3 階建ビルの 1 階　間口 6 メートル　天井高 4 メートル

■物件条件

保証金	礼金	賃料	その他条件
家賃の10ヵ月分	2ヵ月	18万円	3 年契約　保証金の償却10%

■物件周辺商圏概要

海老名市　商圏の特徴
商圏人口・年齢別・男女別を人口動態から割り出す
人　口　11 万 8,980 人
人口密度　4,493 人／平方キロメートル
世帯人口　2.71 人／世帯
自動車保有台数　1.37 台／世帯
商店数　889 件
商店の年間販売額　36,436,439 万円
工場数　190 件
工場製造品出荷額　546,377 百万円
※この商圏内容から、どういった顧客の特徴を読み、その嗜好を捉えることができるかを次に記述する。

調査の過程で判明した地区の特徴を考慮に入れ、自分のやりたい店づくりと、当地区の特性とをすり合わせ、業態コンセプトを作ってみる。

自分のやりたい店づくりだけが先行すると、お店が地域から浮き上がってしまい、大不振につながりかねない。

つまり、商圏の内容に店づくりをあわせなければならないということだ。これが、第4章マーケティングで学んだことである。

開業に進もうとした場合、自分のやりたい店づくりを、ある程度は妥協しなければならない場合が多い。

老人の多い地区なのに、流行の若者向け「カフェ」を開店しても、は

図表 13-3　業態コンセプト

対象顧客	当地は、典型的な東京郊外のサラリーマン家族のマイホームが集中する地区である。ゆえに、知的な水準が高く、趣味や嗜好にもそれぞれこだわりがある。 ほとんどがホワイトカラーだと思われるので、情報収集能力にも長けている。しかし、収入的にはこの不況とリストラの中で、ボーナスカット、奥様のパート収入のダウンなど、家計は大変に厳しい状況である。その意味で１人 3,000 円以上の客単価は狙えない。 そこで、手ごろでこだわりのある料理や、こだわりの飲料を揃え、１人 2,500 円程度のリーズナブルな単価を狙った居食屋を出店しようと考えている。
周辺食傾向	ほとんどの顧客が当地に定住して 10 年以上経過している家族なので、まず子供たちが高校生以上、大学生、専門学校生など、成人の家族連れが期待できる。家族そろって外食に行くことが可能な環境になっている。また、奥様連も最近は小さな会合やグループの打ち合わせに瀟洒な居食屋を利用するので、女性利用も考えられる。 そこで、こうしたニーズに応えられるように、おしゃれでセンスのある、知的好奇心が満たされるようなテーマのあるメニュー作り、店づくりを心がけたい。
営業提案	何をどのように提案するのか ◆メニューはスタンダードな内容だが、料理のネーミングなどはこだわりたい ◆季節ごとの旬の素材を使い、地方グルメなども開発したい ◆器は手作り感のあるものを使用し、こだわりを徹底したい
競合店	駅前には有名なチェーン店が多く、それぞれ価格競争している。 この低価格競争に巻き込まれないよう心がけたい。そのため、独特な接客サービスの展開（会話型接客、サービス券、ボトルキープ制、アルバイトへの報奨金）によって対抗していきたい。

じめは物珍しさで来店してくれても、最後は顧客がついてこない。

独身者が少ないマイホームが多い地区で、独身者用の定食屋を始めても、お店は閑古鳥が鳴くに違いない。このように、やりたい店より、この商圏下でどのような店が繁盛するかを追求することが重要なのだ。

■売上予測

次に、売上を予測する（第6章の売上予測の項参照）。

住宅地図を広げ、店舗物件の所在地を中心に、半径１・５キロメートルくらいを商圏とし、コピーして貼り合わせ、人口・世帯数、そして人の流れ（動線）を書き入れる。

次に、現場調査で得た情報をもとに、内部効率を計算し売上予測をする。

来店客数の予想は、店の席数と回転率に関係がある。

客席数の決定には、店舗面積1坪当たり2席程度の客席数を設定するという原則がある。15坪の店なら、計算では30席となるが、実際には25席くらいが適正数である。

そしてランチは、この席数の70～80％で満席となる。

この満席状態が11時半～13時半頃まで続き、ランチ営業は40名くらいの集客となる。

本命の夜営業は35名の客数を予定している。ランチ営業よりも夜の客数が少なめになる。

ただ、客単価がランチは８８０円で、夜はその約3倍の2、５００円になる予定だ。夜はランチのように昼の時間帯に集中せず、ピーク時間が比較的長いのが特徴だ。

よく、商圏内の人口や世帯数から、一世帯当たりの「外食支出」を当てはめて計算してはどうかという意見もあるが、その方法はここでは採用しない。

15坪程度の小規模レストランでは、そうした方法では数字が大きくなりすぎて現実的ではない。また、競合する飲食店の数が多すぎて、配分比が明確でない。

むしろ、店前通行量（ターゲット人数）から立寄率で計算したり、客席回転率で予想したほうが現実的である。

こうして、月間予想売上高が300万円と予想したが、この予想売上高と、予想される費用を計算し、損益分岐点売上高を導き出し、予想売上高との対比を試みなければならない。

■投資概略から損益試算へ

次に、投資内容を考えよう。

図表13―4の投資概算見積を見てもらいたい。

総額で1400万円の投資が必要である。自己資金を500万円所持している場合、金融機関から900万円の融資を受けなければならない。

やはり、他人のおカネを借りるのだから、銀行融資は厳正な審査が待っている。銀行との交渉はとても大変な仕事である。しかし、経営者はこうした困難を先頭切って乗り越えていかなくてはな

図表13-4　投資概算見積

	項　目	金額	
不動産費用	家賃（共益費5,000円）	18万円	
	保証金（家賃の10ヵ月分）	180万円	
	礼金	18万円	
	仲介料（1ヵ月）	18万円	234万円
設備工事費	設計料、給水工事、排水工事 エアコン（2基）、ダクト・厨房・ 床など、工事費	340万円	340万円
内装工事費	家具（椅子・テーブル）、室内・ 天井・床・壁・トイレ・水周り 照明・電気工事など	240万円	240万円
外装工事費	外回り・外壁・看板・サイン 玄関（ファサード）	190万円	190万円
什器代金	厨房什器、調理器具、作業台	150万円	150万円
備品代金	レジ関連（PCソフト）、食器、 調理備品・ユニホーム・消耗品・ 雑貨	146万円	146万円
開店準備金		100万円	100万円
総計	総投資	1,400万円	1,400万円

らない。また、それが経営者の大変さであり、またやりがいにもつながっているのである。

損益試算は、費用を見積もらなければならないが、経験数値を代入して、損益試算表を完成させた（図表13—5）。

結果は、利益が堅実に生み出されている模範的な飲食店の経営状態である。

図表 13-5　月次損益試算表

項目	金額	経費項目	金額
売上高	300 万円（100%）	原材料費 （食材費） （飲料費）	105 万円（35%）
		人件費 （社員給与） （パート・アルバイト） （福利厚生費）	100 万円（33%）
		家賃 （家賃） （共益費）	20 万円（ 7%）
		水道光熱費 （電気） （ガス） （水道）	15 万円（ 5%）
		販売促進費	
		修理費	
		備品費	
		消耗品費	
		雑費	10 万円（ 3%）
		減価償却費	20 万円（ 7%）
		経費合計	270 万円（90%）
		営業利益	30 万円（10%）
		営業外費用	6 万円（ 2%）
		経常利益	24 万円（ 8%）
総合計　300 万円		総合計	300 万円（100%）

※数字は、小数点以下を四捨五入して計算した。

3 シークレット・オープン

さて開店のためのすべての準備は整った。だが、開店は静かに、秘密裏にするのがよい。これを専門用語で「シークレット・オープン」という。

経験があるかと思うが、近くの飲食店の開店時に、派手に宣伝しているお店でとんでもない思いをしたことはないだろうか。

注文したラーメンは出てこない、ドリンクが30分も出てこない。やっと出てきたと思ったら、ラーメンのスープは温く、麺は生煮えだった……などと笑えない悲劇が繰り返されている。

開店時のつまずきはなぜ起こるのか。

それは、お店のスタッフが「仕事に慣れていない」からである。

これを反面教師として考えたのが、シークレット・オープンである。

大手チェーン店では、シークレット・オープンは必要ない。オープニング・クルーというオープン専門のトレーナー（開店教育専門のスタッフ）が存在する。

しかし、単独での飲食店経営にはそれはない。

お店が出来上がっても、まだオープンしてはならない。まず、開店前に必ずレセプション（お披露目会）を数回行うのがポイントだ。

1日目には、十分な事前準備と打ち合わせを行う。メニューと料理はあらかじめ決めておく。招待客を友人に限定しておけば、お店側の誘導通りにレセプションは進行する。

招待客が帰って、片付けが終わると、今日の反省会を開催する。気が付いたさまざまな問題点を即改善する。工事が必要なら、工事関係者に残ってもらい、手直ししてもらう。

次のレセプションでは、近所の住民を招待する。

2度目の手順は、席に案内したあと、同じようにオシボリを出し、ドリンクの注文を聞く。

1回目で慣れているので、フロアサービスはかなりスムーズにできるはずである。

次に、店のメイン料理を出す。

そしてその次に、招待客にメニューの中から自由に選んで注文してもらう。

メイン料理は出ているから、調理場は慣れていなくても、ゆっくり調理ができて、調理スタッフに程良いトレーニングになる。その日も反省会を行い、改善点があれば即修正する。

この時点で、スタッフ全員が店の業務にかなり慣れてくる。

できれば最後にもう一度、ダメ押しのレセプションをすべきである。

今度は、完全自由オーダー制で、お客様に本番と同じように注文してもらう。この最後の予行演習で、店のスタッフは完全に業務に習熟し、完璧な開店を迎えることができるようになる。

開店の日、待たされてジリジリしていたお客様が、ドッと入店してすぐに満席になり、それでも店は混乱なく、スムーズに運営されていく。

これがシークレット・オープンである。

調理師を目指す、ほとんどの人たちが将来の独立を夢見ている。しかし本章で学んだように、一軒の飲食店を開店する仕事は、そんな簡単なものではない。開業資金が調達できたとしても、開店してからの運営・管理が大変である。

繁盛を継続することは〝至難の技〟である。〝永年鍛えた調理の腕〟だけで独立し、数年後あえなく閉店した飲食店は数知れない。

そうならないためにも、飲食店開業計画の手順とノウハウを、本書でしっかりと学んでもらいたいものである。

演習問題 13

次の文章を読み、解答欄に○か×をつけなさい。

A. わが国の飲食店経営に必要なのは「損益計算書」と「貸借対照表」であり、特に「貸借対照表」を十二分に活用することが、飲食店の成功に直結する。

B. 自分のやりたい店づくりだけが先行すると、お店が地域から浮き上がってしまい、大不振につながりかねない。つまり、商圏の内容に店づくりをあわせなければならないのである。

C. 売上予測は当てにならないからしなくても良いが、当地の客層を知るために通行客調査だけは絶対にすべきだ。

D. 飲食店の営業時間で、顧客がたて込むピーク時間は決まっているので、その時間だけ人手を厚くし、掃除などには一切人件費をかけない経営をして、店が多少汚れても、人件費が節約できればそれで良いと考えるべきだ。

E. 開店時のつまずきはなぜ起こるのか。それは、お店のスタッフが「仕事に慣れていない」からである。これを反面教師として考えたのが、シークレット・オープンである。

【解答欄】

A.	B.	C.	D.	E.

解答　A. ×　B. ○　C. ×　D. ×　E. ○

第14章

経営知識を身につけた新しい時代の調理師

１　「臨店診断表」を使用した、「ＱＳＣＡ」の店舗診断による問題点の発見と経営改善

いままで多くの経営知識を学んできた。しかし経営の専門知識は一般のビジネスマンでも難解な分野である。そのため、わかりにくい点もあったのではないかと危惧している。

そこで最後に学習のまとめとして、「臨店診断」を行い、対象とする飲食店の経営が正常に行われているかどうかのチェックをして経営知識の総復習をしてみようと思う。

「臨店診断」とは、実際に店に行き、料理を注文し、客の立場でレストランの運営状態を観察して、ＱＳＣのすべてをチェックし、今の状態は何点か採点し公表するものである。

ある意味〝検査〟に近い。

「臨店診断」を別名「公式店舗検査」と呼ぶのはそのためである。

このノウハウも１９７０年代に米国外食産業から導入されたものだ。

米国外食業界では、この診断を「スケジュールＢ（schedule B）」と呼んでいる。

では早速どのようなものか見てみよう。

■臨店診断

「臨店診断」の最初にはこう書かれている。

◆当検査の目的は、営業において売上増加や利潤増加に直接影響するような、顧客の不平・不満・非難を未然に防ぐことが出来るように、飲食店営業を、批判的に厳しい目を持って客観的にみるためのものである。忘れてならないことだが、顧客は絶えず私たちを〝検査している〟と思って仕事をしなければならない。この検査は、レストラン営業が、満足すべき状態にあるか否かを決定する基準となるものなのだ。検査が適切に行われ、また店舗経営の改善に利用されることによって、はじめて欠陥が是正され、従業員の訓練のための資料ともなるものである。

図表14—1として掲載した臨店診断表は、筆者が公式検査表をアレンジして、日本流に作成し直したものだ。構成は、

① 飲食業としての基本姿勢　② 接客・対応・サービス
③ レジ対応　④ クリンリネス
⑤ 料理の出来栄え　⑥ 販売促進
⑦ 店長のマネジメント

であり、合計300点満点で210点以上（70％）が合格である。不合格は209点以下（69％）である。

本来、臨店診断は誰が実施するのかと言えば、

飲食店経営に精通している経営コンサルタントや、本部の地区マネージャー、経営者などによって行われることが多い。

臨店診断が終われば、店長や責任者がその検査の結果報告を聞き、問題個所の指摘を受けなければならない。

この診断結果のコピーは、本部の社長やオーナー経営者への報告書でもある。

検査結果を廊下などに貼りだし、従業員、店舗スタッフの全員が直接見て、自分の担当部門に関しては、責任を持って即改善行動に移らなくてはならない。

診断表を見れば、点数が低い部門はどこか、どこに問題があるのか、即座にわかる。

会議やミーティングで、今回の臨店診断で指摘された箇所の改善がなされたかどうかを、再度検証してみてほしい。

臨店診断は、2ヵ月に1回以上実施されなければならない。

飲食店は、「ＱＳＣ」を常にベストな状態に保って営業することで、顧客の信頼を得ることができ、はじめて繁盛するビジネスとなる。だからこそこの臨店診断の意味があるのである。

検査されるのは誰もが嫌なものだ。

しかし、プラス志向に考え、ぜひこの臨店診断を活用して、悪い点を改善して一層ハイレベルなお店に磨きあげてもらいたい。

そのための素晴らしいツール、それが「臨店診断」なのだ。

図表14-1　臨店診断表

飲食店経営「QSC」検査用紙

臨　店　診　断

◆当検査の目的は、営業において売上増加や利潤増加に直接影響するような、顧客の不平・不満・非難を未然に防ぐことができるように、飲食店営業を、批判的に厳しい目を持って客観的にみるためのものである。忘れてならないことだが、顧客は絶えず私たちを“検査している”と思って仕事をしなければならない。この検査は、レストラン営業が満足すべき状態にあるか否かを決定する基準となるものなのだ。検査が適切に行われ、また店舗経営の改善に利用されることによって、はじめて欠陥が是正され、従業員の訓練のための資料となるものである。

店舗概要

店　　名		年 月	日	曜日	天候
業態特性					
住　　所					
店舗規模	坪数	坪	席数	席	
滞店客数	人	検査時間	:　〜　:		
立　　地	□駅前　□市街地　□商店街　□住宅街　□駅前 □農村　□郊外地　□バイパス沿い　□観光地　□商業施設内 ＊商業施設の場合、その名称「　　　　」階数　　F				
客層の特徴 ＊複数個チェック可	□主婦　□有職主婦　□女性グループ □若いサラリーマン　□若いOL　□中年サラリーマン　□勤め人風 □労働者風　□運転手・工員・建築土木・その他 □若者　□中高生　□大学・専門学校　□フリーター風 □中高年　□中年男性　□中年女性 □老人				

①飲食業としての基本姿勢　＊評価は、◎3点　○2点　△1点　×0点で記入する	
1. 店内はいつも元気で明るい笑顔と挨拶で満ちあふれている	
2. お客様に接する態度は、いつもていねいで、親しみやすく、明るい	
3. 従業員は決められた清潔なユニフォーム姿である	
4. 男・女従業員は、接客業らしい華美ではない化粧と身だしなみを実践している	
5. 手・指・爪は、決められた手洗い方法で洗い、清潔な状態を維持している	
6. 接客サービス業にふさわしい言葉づかいができている	
7. 従業員皆が、きちんとした姿勢、お辞儀、そして“ハイ！”という返事ができている	
飲食業としての基本姿勢の問題点	
小計点数	点

②接客・対応・サービス　＊評価は、◎3点　○2点　△1点　×0点で記入する	
1. 仕事は基本（マニュアル・規則・きまり・通達）に忠実にできている	
2. 仕事は、スピードがあり、しかもていねいである	
3. ムダなおしゃべりをしたり、手待ちになっていることはない	
4. お客様のご来店時、お迎えや挨拶が元気よく明るくできている	
5. 玄関からお客様が見えられたとき、瞬時に気づき、スピーディーに対応している	
6. お客様の姿が見えたら、他の従業員の声が聞こえたら、皆がすかさず挨拶をしている	
7. 席がいっぱいで、ウェイティングされるお客様に、きちんとした対応ができている	
8. 待てずに帰るお客様にはていねいにお詫びして、再来店のサービス券など渡している	
9. 長く待たせている時でも、時折笑顔で、お待ちのお客様へ一言告げている	
10. 案内時は、“ご案内いたします”と皆に聞こえるように大きな声で行っている	
11. お客様の着席後には、素早く係が対応し、笑顔で接客している	
12. 笑顔で対応し、自分が担当であることを告げ、ていねいにオシボリを手渡している	
13. 飲み物の注文を聞いてすぐに（2分以内）テーブルへ出している	
14. 注文時、適切に料理の説明ができ、上手にお勧めしている	
15. 注文を受けたら、必ずもう一度復唱し、注文に間違いがないか確認している	
16. 料理を待たせた時（10分以上）は、一言“申し訳ありません”と告げている	
17. 出来上った料理はすばやく提供している	
18. 料理が全部出揃ったかどうかを、必ずチェックしながら確認している	
19. 注文を頂いたお客様に、絶えず注意を払っている	
20. 飲み物のおかわりはタイミング良く伺い、明るく声をかけている	
21. “御願いします～”と、お客様から言われる前に気づいて席にうかがっている	
22. 料理の盛り付けや味などをうかがいながら、親しげにお客様と会話している	
23. 空になった器は、一声かけてタイミング良くバッシングしている	
24. 中間バッシングは、お客様に不快にならない程度に実行している	
25. 自分が担当したお客様の見送りと挨拶は、心を込めて行っている	
26. 片付けはすばやく、きれいに、あまり音をたてず行っている	
27. 洗場に汚れ物を運ぶときは、洗場の担当者に“御願いします”と一言告げている	
28. テーブル上の調味料セットは、正しくセッティングされている	
29. コンディメント（調味料）の補充は、正しく清潔に行われている	
接客・対応・サービスの問題点	
小計点数	点

③レジの対応　＊評価は、◎3点　○2点　△1点　×0点で記入する	
1. レジ前でお客様を待たせていない。または、レジのお客様にすぐに気づいている	
2. 料理・サービスの満足度をうかがいながら、精算業務をしている	
3. 会計の手順はすばやく、決められた金銭授受どおりに正確に行っている	

4. カード決済の場合も、手際良く行っている	
5. 領収書は素早く発行している。手書きの場合もすばやくていねいに処理している	
6. お客様を、玄関の外に出て、笑顔でていねいに見送っている	
7. お客様が帰る時、担当以外の従業員も作業を止め、一声感謝の言葉をかけている	
8. 帰る際に、今度のフェア等の告知や販促ビラ等を手渡し、再来店を誘っている	
レジの対応の問題点	
小計点数	点

④クリンリネス（店内の清潔・衛生度）　＊評価は、◎３点　○２点　△１点　×０点で記入する	
1. 店舗の入り口周辺はいつも清掃が行き届いている（玄関マット、傘立て、下駄箱）	
2. 窓ガラスと窓枠とサンは磨かれている（店内天井・エアコン吹き出し口・照明器具）	
3. 店内装飾品や生け花は、いつも管理され手入れされている	
4. 冷暖房は適温が維持され、BGM も適切な内容・音量である	
5. 床のゴミは拾われており、敷物などの染み（気になるほどの）汚れがない	
6. 椅子・テーブルはきれいに拭かれて、ガタつき・破損がない	
7. 椅子・テーブルの下にゴミなどが落ちていない	
8. トイレは臭気もなく、隅々まで清掃がなされ、紙・洗剤の補充が行き届いている	
9. トイレの流水・手洗いの清潔さ・施設の破損・清掃用具の整理整頓は適切である	
10. 掃除道具はもとの場所に戻され、保管場所にキチンと整理・整頓されている	
11. ピーク時のトイレ・チェックがキチンと行われている	
12. 裏口周辺の、空き瓶・から箱・廃油などの整理整頓は、いつもきちんと行われている	
13. 従業員はたえず、整理・整頓・清掃を心掛けている（クリーン・アズ・ユーゴー）	
14. 店舗の外まわり、外装・看板にも、店長の目が行き届いてチェックされている	
15. 店舗周辺の植え込み・庭園の水やり等、外回りの手入れは行き届いている	
クリンリネスの問題点	
小計点数	点

⑤料理の出来栄え　＊評価は、◎３点　○２点　△１点　×０点で記入する	
1. 料理は味が良く、決められたレシピ通りである	
2. 料理提供時間は、このような店舗にふさわしく適正である	
3. 時間計測　メニュー名（　　　　　）調理時間（　　　　　）早い・遅い	
4. 盛り付けは彩り良くきれいで食欲をそそる	
5. 美味しそうな臭い、提供されている温度が適正で、食べると食感がすばらしい	
6. 調理法や、焼き方、揚げ方、カッティングにミスや問題はない	
7. 調理場は、担当が明確で、各担当者は責任を持って調理・仕込み作業ができている	
8. ピーク時にはディッシュアップ窓口が一本化しており、ミスや混乱は見られない	
9. 温かい物は温かく、冷たい物は冷たく、提供できている	
10. 温かい料理やドリンクは、温食器や、冷グラスで提供されている	
11. 料理の味は、皆が納得する水準以上の味である	
12. 料理の味と価格は適正でつり合いがとれている。それゆえに満足度が高い料理である	
13. 使用している皿や食器はセンスの良いもので食事が楽しくなる	
14. 皿はチップ（かけ）や汚れのないきれいなものを使用している	
15. 食材の鮮度は新鮮でみずみずしく、高い保管レベルを維持している	
16. 食材の保管場所は整理整頓され、在庫が一目でわかるようになっている	
17. 食材の発注は、営業予定をきちんと把握して、適量が発注されている	
18. 仕込み品など、冷蔵庫のストックはきれいに整理され日付がついている	
19. メニューブックは清潔に、破損なく維持・管理されている	
20. 品切れは、マジックや貼紙などで、見栄え悪く、訂正や変更がされていない	

21. 差し替えメニューやお勧め、日替わりメニューはわかりやすく表示されている	
料理の出来栄えの問題点	
小計点数　　　　点	

⑥販売促進　　＊評価は、◎3点　○2点　△1点　×0点で記入する	
1. 来店したお客様に、たえず再来店のお誘いハガキやメールを出している	
2. お便りに自分の名前を書き、来店時に声をかけていただけるようにお誘いしている	
3. 苦情やおほめ頂いたお客様にも、お詫びとお礼の葉書やメールを出している	
4. 定期的な販促活動（営業）を決めて、企業や事務所を訪問し再来店をお誘いしている	
5. 定期的に販促活動日を決め、近所や市内で販促ビラをポスティング（投入）している	
6. ポスティング（チラシ投入）だけではなく、在宅のお客様には手渡しで渡している	
7. 納入業者さんや営業マンにも必ずサービス券は渡し、来店をお誘いしている	
販売促進の問題点	
小計点数　　　　点	

⑦店長のマネジメント　　＊評価は、◎3点　○2点　△1点　×0点で記入する	
1. 忙しい時間帯は店長が陣頭に立って指揮し、自らもお客様のテーブルに行っている	
2. 部下に対し、場面に応じて適切な指示を出している	
3. 自らもお客様に挨拶し、お客様の満足の度合いをうかがっている	
4. たえず全体を見ながら、バランス良い運営を心配りし、店長らしい仕事をしている	
5. 店長は、1つの仕事に熱中し過ぎず、全体を考え行動している	
6. 顧客アンケートを読みながら、書いてくれたお客様にお便りを出している	
7. 顧客アンケートを全員に公開し、改善のためのアクションを行っている	
8. 売上予算を作成し、その目標に向かい全力で努力している	
9. 営業日報は適切に記入されており、その内容を分析して適切な対策を行っている	
10. 食材費比率と人件費比率は守られており、FL合計で60%以内に収まっている	
11. 常に部下に気を配り、熱心に教育し、研修会などを定期的に開催している	
12. 新人アルバイトの教育は、率先して行い、上手に育成している	
店長のマネジメントの問題点（隣店時の店内状況と、当時それにふさわしい運営管理がなされていたか）	
小計点数　　　　点	
総合評価総合点数をつける　□2点　△1点　×0点	
総合計　　　　点　　　全体点数300点　獲得%　　　　%	
講評	

今回の「臨店診断」で判明したマイナス点の改善のための具体的アクション（店長記入）
私は、今回の「臨店診断」の結果をうけて、　　年　　月までにこの問題点を解決します。
店長　サイン

2 ストアコンパリゾン

今までは、自らの努力と創意で自店の経営を改善することを考えてきた。

しかし、それにはおのずと限界がある。明治時代には、新しい料理が海外から輸入され、それを積極的に受け入れ、飲食店は大きく発展した。

大阪万国博覧会の時も同じであった。

われわれ日本人には、もともと優れた応用能力がある。優れたものを他から学び、それを積極的に受け入れて改善する能力のことだ。

漢字は中国大陸で発明され、約２０００年前に「漢」の国から渡来したとされている。今では本場中国では使わなくなった漢字を、カタカナ、ひらがなと使い分け、世界でもまれな、複雑で高度な言語体系として完成させ、日常的に縦横に使いこんでいる。

本場アメリカで、日本に進出している大手ハンバーガーショップに入った経験がある。オーダーの受け方、店内のクリンリネス、キッチンの清潔さ、どれ一つとっても日本と同じ店とは思えない低いレベルだった。

アメリカ人の友人に聞いてみた。

〝これ本当にあのハンバーガー屋？〟

友人は即座に答えた。

〝日本のこのMハンバーガーショップの店舗レベルが高すぎるんだよ！〟

驚くかもしれないが、本当の話である。

同じように、本場のコンビニに行ってみた。砂漠の中にある日本と同じSコンビニのガソリンスタンド併設型店だ。

店内は薄暗く、商品も少ない。到底繁盛している感じではなかった。

これらのハンバーガーショップやコンビニのように、最初は本場で学び、それを日本に導入し、改善をくりかえし、いつの間にか本場よりも優れた店にレベルアップさせてしまうのが、われわれ日本人の得意技だ。

われわれ日本人は、自動車にしても、コンピュータにしても、何年も改善を加えるうちに、本家本元よりもよっぽどすごいものに仕上げてしまう。

飲食店経営でも、他店見学によって得るものは大きい。

他店の良いところを視察して、自店に取り入れる。自店に合わない場合は、改善して自店に適合させて取り入れる。そして少しずつ改善を加え、いつの間にか見学した他店より、凄いものへと磨きあげていくのがわれわれの得意技なのである。

いずれにしろ、店の外に出て、冷静に自店を振り返る良い機会でもある。

この店舗視察のことを、専門用語でストアコンパリゾン（store comparison）と呼ぶ。

■ストアコンパリゾンの留意点

①　視察対象店舗は、近くの優良店かマスコミなどで話題の店がよい
②　事前に視察店の内容を下調べしておく
③　現地で迷うこともあるため、余裕のあるスケジュールをたてる
④　カメラや録音機の使用は、店側とトラブルになりやすいので避ける
⑤　視察店の営業を妨害するような行動や言動は慎む
⑥　視察店を、顧客の視点で冷静に観察する
⑦　ストアコンパリゾン用のチェックリストを事前に作成しておく
⑧　手洗いや店舗周囲、裏口周辺などもできる範囲で観察する
⑨　チェックリストへの記入は、視察店を出たあとに行う
⑩　メニューを持ち出すなどの不法行為は絶対行ってはならない

ここで重要なことは、〝素直な気持ちで視察する〟ことである。

見学したお店を過大評価する必要はないが、過小評価もよくない。

古今優れた経営者やリーダーには、この他店（所）見学で、秀逸なアイデアや経営のヒントを思いつき、自店にとり入れて大成功した事例が数知れない。

冷静な目で他店を観察し、素直に他店の良いところに学び、それを自店に取り入れる。

それがストアコンパリゾンである。

図表 14-2　ストアコンパリゾン（他店見学）チェックリスト

	チェック項目		チェック項目
環境	店舗立地、環境特徴	入店時	入店時の気づき、スタッフの挨拶
	外装(ファサード)のデザイン・色彩		席への案内
	看板のデザイン・色彩、清掃具合		スタッフの服装・身だしなみ
	サンプルケース、清掃・華やかさ		他の従業員の態度
	駐車場、店舗周り清掃		入店時、店の雰囲気
感想		感想	
注文受け	メニューの状態、メニュー管理	接客	言葉づかい
	オーダー取りの態度		オーダーの通し方
	お勧め料理		テーブルセッティングの状態
	料理説明		客席への注意
	注文の複唱・確認		笑顔
感想		感想	
料理・ディッシュアップ	料理提供時間（　　　分）	クリンリネス	椅子・テーブル
	料理の状態、温度、彩り、食感		通路
	料理の価格、ボリューム		窓ガラス
	料理の特性、こだわり		トイレ
	サイドメニューの状態		レジ周辺
	ドリンクメニューの状態		厨房入口
	デザートメニューの状態		器具・備品
感想		感想	
雰囲気	空調	その他	会計のスピード
	BGM		会計時の対応
	照明		お見送り
	雑音		客層、客の状態
	異臭		店長の態度
	演出		販売促進
感想		感想	
総合感想			
自店に参考になること、自店に即取り入れたいこと			

3 これからの調理師像

さて最後に、これからの調理師像に関して述べてみたい。

第1章で述べたことだが、一言で言えば、「経営者意識を持った調理師」を目指してもらいたいということだ。

最初に述べた言葉だが、〝調理師を目指すほとんどの人たちは、将来店を持って独立したいと考えている人たち〟である。

本書でもそれを意識して、第13章に「事業計画」を入れた。

独立ともなれば、サラリーマンとは全く違う意識で仕事をしなければ、お店を継続して経営することはできない。

独立した調理師に話を聞いてみると、こんな話が出てくる。

「独立するまでは、50店舗を展開する洋食レストランにいました。店の人手が足りないと、本社に対して不平不満を言っていました。ところが自分で店を持ち独立して経営者となった今は、一人、余分に人手が増えるとその分人件費が増え、自分の収入が減るので、逆にたいていのことは人に頼らずに、自分でやるようになりました。

以前は、月に一度の棚卸残業が一番嫌いで、手抜きでやった時もありました。しかし今は自分の店ですから、目標通りの利益が出ているのか、ロスはないかと、真剣に在庫をカウントして計算しています。また、前の店では忙しい時〝何で顧客がこんなに来るのか〟と不満でしたが、今は雨など降って顧客が少ないと、〝お足もと、濡れませんでしたか？〟と誠意を持ってお出迎えするようになりました。資金にも余裕が出てきましたので、第2号店を考えています」

このように、勤め人の時の意識と、経営者として独立して店を持つのとでは、仕事をする意識そのものに雲泥の差がある。

一人の経営者ともなれば、自店の顧客を本当に大切にする。

数字で考えながら真剣に仕事をする。

目標数値を達成するために頭を悩ませ、それでも手は休めずに動かしながら考える。

部下の指導を通じて、やる気と実力ある部下を育てる。

これら「ヒト」「モノ」「カネ」「情報」を組み合わせて、繁盛する飲食店を作り上げていく仕事が、経営者の仕事である。

展示会場で指導をしながらディッシュアップするプロ調理師

店長や支配人を「マネージャー」と呼ぶ。

これは、経営するという意味の「マネジメント（経営管理）」から来た言葉である。本来の意味から言えば、経営者の意識を持って仕事をする人間のことをマネージャーと呼ぶのである。

しかし、明日から独立というときに、勤め人から経営者へ、即意識を切り替えることなど不可能である。

調理師として勤めているときから、常に経営者の意識で仕事をし、そして一流の仕事人（ビジネスマン）として、標準以上の仕事内容を成し遂げなければ、独立して飲食店の経営などできるわけがない。

若き調理師の皆さんに期待したい。ぜひ、飲食店の経営知識を持ち、経営者の意識で仕事のできる調理師になってもらいたい。

しかし、現実は厳しい。

皆さんには、苦しむことや悩むことの多い、自分との戦いの日々が待っているかもしれない。

だが、夢をあきらめないでもらいたい。

夢を信じて、「ビジネス」という新しい扉を開こうではないか。

それが、これからの新しい時代の調理師の姿に違いないのである。

I hope you have a good luck !

演習問題 14

次の文章は「臨店診断」について書かれたものである。文章の（　　）内に正しい言葉を下記語群から選び記号で答えなさい。

当検査の目的は、営業において売上増加や（　ア　）に直接影響するような、顧客の不平・不満・非難を未然に防ぐことが出来るように、飲食店営業を（　イ　）に、厳しい目を持って客観的に見るためのものである。

忘れてならないことだが、顧客は絶えず私たちを“（　ウ　）している”と思って仕事をしなければならない。これは、レストラン営業が満足すべき状態にあるか否かを決定する（　エ　）となるものなのだ。（ウ）が適切に行われ、また店舗経営の（　オ　）に利用されることによって、はじめて欠陥が是正され、従業員の訓練のための資料ともなるのである。

【語群】

①マーケティング　②基準　③批判的　④標準
⑤顧客の目　⑥レベルアップ　⑦利潤増加　⑧調査
⑨検査　⑩改善

【解答欄】

ア	イ	ウ	エ	オ

解答　ア⑦　イ③　ウ⑨　エ②　オ⑩

最終章

「食育」特別講座

―服部幸應インタビュー―

「食育」を学ぶ重要性

本書では、養成施設で学ぶ調理師の皆さんに、飲食店の経営知識の必要性について述べてきました。

それはひとえに皆さんが、従来の調理作業にのみ専心する調理職人としての調理師ではなく、さまざまな知識を身につけた新しい時代の調理師になることを願ってのことでした。

さまざまな知識の一環として、「食育」もまた調理師が身につけておくべき必須知識となってきました。

「食」の現場を職場とする調理師には、「食」を通しての教育も重要な社会的使命です。そのため、本書の最終章に「食育」特別講座を設けました。教えていただけるのは、学校法人服部学園、服部栄養専門学校校長、服部幸應先生です。

ぜひ、飲食店の経営知識とともに、「食育」に関してもしっかり学んでもらいたいと思います。

筆者

■小1プロブレム

筆者　服部先生が御提唱されている「食育」についてお伺いいたします。

服部　皆さん、今小学校一年生の教室で起こっている「小1プロブレム」と呼ばれる現象をご存じですか？

入学したばかりの生徒が、先生の話をじっと聞いていることができずに、大声で話したり、騒いだり、立ち上がって廊下に出て走り回ったりして、授業が成立しない現象を指しています。

これは、全国どこでも起こっている現象です。こうした現場を見ますと、嘆いてばかりはいられません。

大きな危機感を感じます。

「小1プロブレム」の一番の原因は、幼児時代に家庭で、特に食卓で教育（＝しつけ）されていないことです。

われわれの子供の頃は、小さいときから食卓で〝箸の持ち方が悪い〟〝食事の時には、姿勢をキチンとしなさい〟〝おしゃべりしながら食事はしない〟〝落ち着きがない〟など、両親や祖父母に厳しく小言を言われ、しつけられてきたものです。

ところが、昭和35年頃からの経済成長や社会の発展にともなって、核家族化が進行し、家族一緒に食事をする機会が少なくなりました。

TVを見ながらの食事、子ども一人での食事、朝食抜きも普通になり、食卓でのしつけが全くなされないような状況になったのです。

これが近年、ますますその傾向を強めています。

ゲームをしたり、漫画を見たり、肘を突いたり、寝てしまったり……しつけの無いわがまま放題な子どもたちが学校に入る歳になって、「小1プロブレム」が全国に蔓延しているのです。

■「知育」「徳育」「体育」の基本が「食育」

服部　日本の教育を考えた時、「知育」「徳育」「体育」の教育の三本柱が、すべて機能していないことに気がついたのです。

諸外国と比較しますと、ずいぶん劣ってきていることがわかりました。

この原因は、「食育」にあると思いついたのが20年前。

入学してきた学生たちの食生活の実態を調べようと、1週間の食事日記をつけさせたことがありました。

その日記を見ると、朝食抜き、偏食、インスタント食品、ダイエットのためバランスの悪い食生活が非常に多いのです。

そこで私は、彼らに「将来、食の指導者になる人が、そんな食生活をしているようではだめです。卒業までに改善しなさい」と伝えました。

そして卒業時に、半数は改善しただろうと期待しつつ、もう一度食事日記を提出してもらったところ、たったの6%しか改善していませんでした。

18や20歳になってしまうと、食習慣を変えることは難しいのだとショックを受けました。

そこで、食習慣を変えることができる年齢がいつなのか、脳科学や心理学などさまざまな面から研究したところ、幼い子どものころだということがわかりました。

現代の家庭では、家族がバラバラに食事をしたり、食卓を囲んでそれぞれが自分の好きな物を食べるなど、子どもの食生活に気を配らない親が増えています。

これは健康だけでなく、家族の絆や子どもの性格形成などにも悪影響を与えています。

こうしたことを改善するため、「食育」の考え方を社会に普及させる必要があると強く思い、活動を始めたのです。

■「食育」の柱は大きく分けて3つ

食育は、「選食能力」「食に関するしつけ」「食糧問題」の3つに分けられます。

1つ目は、「選食能力」を育むこと。どんなものを食べれば安全か、危険か、健康になるかということを選別できる能力を身につけることです。

安全な食べ物を選ぶ力のことです。

最近は、農薬や化学薬品の多用、偽装表示などが問題になっていますが、何を食べればよいのかを正しく判断することが大切です。また「選食能力」は、消費者だけでなく生産者や加工業者にとっても必要です。

生産者は農薬や化学肥料を使いすぎないこと、加工業者は安全な食材を選び、防腐剤や添加物などにも気をつける必要があります。

服部　２つ目は、「食に関するしつけ」を家庭の食卓で、幼い頃にきちんと身につけることです。

野生動物の親子を観察すると、動物たちは子どもが独り立ちして生きていけるように、狩りの方法を教えます。

中国のことわざに、「魚を与えるより釣り針を与えよ、釣り針を与えるより釣り針の作り方を教えよ」というものがあり、私はまさにそれが教育だと思います。

がしかし、現実的には子供に魚だけを与えてしまう親が、非常に多いように感じます。

親に頼って生活するニート（現在全国で65万人）の増加や、職を転々とするフリーターの増加、偏食したり正しく箸を持てない人の増加も、これを裏付けていると言えるでしょう。

最近では、子どものしつけを学校に頼り、学校の先生

「食育」について講演する、服部栄養専門学校の服部幸應校長

に不満をいう親も増えているようですが、子どものしつけには時期があり、学校に入ってからでは遅いのです。

しつけの時期は0～3歳、3～8歳、8～14歳に大きく分けることができます。3歳までの時期は、絵本を読んであげたり子守歌を歌うなど、親とのスキンシップが大切です。

しかし40年ほど前と比較すると、そうした時間が3分の1に減少しています。

欧米では、0歳時から子供を預かるような保育園は見たことがありません。ほとんど午後4時には親が迎えに来て家庭に帰ります。それは、一緒に食卓を囲むためです。

日本ではかなりの子供たちが、夜の8時頃まで預けられています。

「三つ子の魂百までも」と言うように、この時期は重要ですので、甘やかすことなく十分な愛情を注いであげる必要があります。

また、食という面では、母乳を見直してほしいと思います。最近では生後5、6ヵ月で離乳食に切り替えてしまう人も多いようですが、人間の腸が完成するまでには12ヵ月は必要ですし、早すぎる離乳食はアレルギーの原因になるとも言われています。ですから、少なくとも生後1年は母乳で育ててほしいと思います。

次の8歳までの時期は、「食育」で最も大切な年代です。

ここでは、良い行いはほめられ、ダメな行いは叱られるといった体験をすることが大切です。食卓では、悪い食事マナーを叱ったり、食べ物の好き嫌いはダメだと教える必要があります。

このメリハリの体験がないと、わがままで、親や先生の言うことを聞かない自分勝手な人間になってしまいます。

ところが、今の日本の食卓は、家族が一緒に食事をする家庭は51％しかないのが現実です。家庭でしつけが無いと、子どもがとてもわがままに育ちます。

人間の脳は８歳のころから急速に発達して、好奇心が旺盛になり、10歳のころに完成すると考えられています。

８歳を過ぎると、親の言うことを素直に聞かなくなってくるため、８歳までの間に食卓を通じてしつけを行う必要があるのです。

そして14歳までは、学校や地域社会がしつけと教育をする時期です。協調性や社会性といった能力はこの世代で身につきます。

20歳には骨密度のピークを迎えるため、これまでの食生活がよくないと、身体が成長できず病気になりやすくなります。

若い時の過度なダイエットは、身体によくありません。

私はミスコンテストの審査員でしたが、十数年前に辞めました。

彼女たちの骨密度が異常に低いからです。過度なダイエットの影響です。

生まれたときから母乳を与え、好き嫌いなく食べさせ、正しい食習慣を持たせることが「食育」なのです。

服部　次に、現在の日本の食糧自給率がどれくらいかご存じですか？

実は、カロリーベースで40％でしかありません。

約40年前は73％ありましたが、減少を続けています。

これは他の先進国と比較すると最低の数字で、フランスは１１１％、アメリカは１３０％、工業国のイメージが強いドイツでも91％と高い水準にあります。

さらに日本では、ＥＵ諸国１人平均の３倍にあたる、毎年２１６０万トンの食料を残飯として捨てています。その多くはホテルの宴会や、賞味期限切れとして手をつけずに捨てられたものです。

あるコンビニでは、１年間で４００億円分の食糧を廃棄しました。

日本人が大量の残飯を捨てている一方で、世界では毎年９００万人以上が餓死しています。

私は仕事柄、日本の食文化を伝えに海外にいくことがありますが、出会う7割以上の人たちが、自分の国の食糧自給率について知っています。

しかし、日本ではその割合は１％程度です。

日本人が自国の食糧自給率について知らないのは、これまでの教育の問題です。

しかし幸いにも、日本は世界に先駆け、「食育」を実践する教育方針となる「食育基本法」を２００５年に施行しました。

この法律は海外からも注目されており、「MOTTAINAI（もったいない）」という考えと同様に、「Shoku-iku（食育）」の考えは世界中に広まろうとしています。

今後は、家庭や教育の現場で「食育」が行われ、状況が改善されることを願っています。

■専門教育だけで改善するのは難しい

服部　十数年前、20ヵ国の高校生の規範意識を調査したのですが、「教師を尊敬するか」の問いに「はい」と答えた割合は、世界平均が73%、日本は21%と最低値を示しました。

一般に50%を切ったら国家存亡の危機といわれています。

「親を尊敬するか」の問いには２５・２%で、50%を切ったのは日本だけ。世界の平均はなんと８３・１%なのにです。

私は教育に必要なのは「優しさ」「楽しさ」「厳しさ」の３つだと思っています。

現代の家庭教育と学校教育には、あまりに「厳しさ」が欠けています。

私も審議委員になり見直していますが、「ゆとり教育」も影響は大きいですね。小学校６年間で６４００時間あった授業時間が、２３００時間も削られました。

ゆとり教育で、円周率3.14159…を計算しやすいように、3.14に切り下げたことをご存じですか？

これで計算すると、打ち上げた宇宙ロケットが地球に戻ってきちゃうんです！

「食育」に限らず、子どもをきちんとしつける大人であってほしいと思います。

現代人には「小言」が足りません。食事のマナーにしても、食べ物に対する考え方にしても、食卓で毎日繰り返される小言が大事なのです。

小言を言われ慣れていれば、人の言葉に耳を傾けるようになり、耐性ができて、少しのことではムカつかない子になるのです。

いつも学校では、キチンと使命観を持たせるように教育してもらいたいと話しているのですが、ゆとり教育で育ってきた若者たちは、難しいですね。

■アジアの留学生に負ける日本の学生

服部　数年前、海外からの留学生30万人受け入れ構想を政府が発表しまして、服部学園も多くの留学生を受け入れています。

熱心で優秀な学生も多いのです。

内訳は全部で１４０名、韓国から１００名、中国から20名、その他が20名。その他は、ロシア、インドネシア、シンガポール、香港、台湾の留学生です。

学園全体の一割程度を占めていますが、成績はベスト１００に半分が入ります。

熱心さとやる気では、日本の学生を超えていますね。

四年制大学より専門学校は就職率は高いです。しかし、先ほどからお話ししているように、根性のない若者が多く、３日で職場放棄などという例もあります。

服部　昭和33年に施行された「調理師法」は私の父が提唱したものです。その結果、調理師資格は国家資格になりました。

そして私が「食育」を提唱し、これらの活動の中で「食育基本法」が平成17年に施行されました。親子二代に渡る、「食」関連法の制定は、何とも感慨深いです。

高桑　ありがとうございました。

日本専門店会連盟機関誌「月刊　専門店」２０１１年新年号
服部学園　服部幸應先生に聞く
「食卓で実践されてきた『食育』こそ真の教育」新春対談より

服部幸應先生経歴

１９４５年生まれ。立教大学卒。昭和大学医学部博士課程で医学博士を取得。
学校法人服部学園理事長にして服部栄養専門学校校長。
「食育基本法」の施行に尽力、現在内閣府「食育推進会議委員」など多くの要職を歴任。http://www.hattori.ac.jp/

復習問題

〈問 3〉

それぞれに関係ある言葉を下記語群から選び、解答欄に記号で答えなさい（配点 5 点）。

ア．給排水で問題になる、浄化槽容量

イ．調理するとき、床が乾いていて働きやすく、疲れない

ウ．アイランド型とバックアップ型

エ．キッチンの煙や湯気を外に出す排気ダクト

オ．従業員が動く動線と、顧客の動線を図面上で予測する

【語群】

①屋上コンプレッサー　②厨房レイアウト　③エアコン

④ゾーニング　⑤人槽計算　⑥オープンキッチン

⑦ドライキッチン　⑧平面図　⑨容積量　⑩客席レイアウト

【解答欄】

ア	イ	ウ	エ	オ

〈問 4〉

次の文章を読み、思い当たる用語を解答欄に記入しなさい（配点 5 点）。

ア．どうすれば「やる気」が起きるかについては、すでに解明されている。

イ．就業規則のマニュアル

ウ．実際に仕事をしている職場で教育すること

エ．常にものごとを前向きに考えること

オ．スタッフと顧客に分かれて、接客の演技をする教育訓練

【解答欄】

ア	イ	ウ	エ	オ

復習問題Ⅰ

〈問 1〉

次の文章を読み、下記語群からふさわしい単語を選び、解答欄に記号で答えよ（配点5点）。

現代の調理師の果たす役割は非常に大きい。調理師には、おいしくて、（　ア　）、そして衛生的、（　イ　）に効果があり、しかも（　ウ　）、そうした料理の提供を求められている一方で、企業組織の中で経営的な知識を駆使して、（　エ　）として、職務を遂行する役割も求められている。それゆえ調理師本人の絶え間のない（　オ　）が求められている。

【語群】

①管理責任者　②店長や支配人　③オーナー　④安全で安心
⑤自己研鑽　⑥健康や美容　⑦安い料理　⑧グルメな食事
⑨経済的　⑩研修　⑪通信教育

【解答欄】

ア	イ	ウ	エ	オ

〈問 2〉

飲食店経営について書かれた次の文章で正しいものは○、間違っているものは×を解答欄に記入しなさい（配点5点）。

ア．サービスとは、景品や割引のことで、いわば販売促進である。
イ．ホスピタリティの語源は「病院」で、心を癒すサービスのことだ。
ウ．「QSCA」のうち、「QSC」は飲食店の経営原則であるが、「A」はそれとは別の分野のことである。
エ．定型サービスは、決まり切ったサービスなのであまり重要ではない。
オ．「ディッシュアップ」とは、料理の仕込み作業のことである。

【解答欄】

ア	イ	ウ	エ	オ

〈問 3〉

それぞれに関係ある言葉を下記語群から選び、解答欄に記号で答えなさい（配点 5 点）。

ア．売上高に対する、食材費と人件費の合計

イ．水道光熱費の平均的な割合

ウ．ホールも、キッチンも、洗い場も、何でもできるアルバイト

エ．今日は夕方から、アルバイトとパートが何人、入店する

オ．毎月、決まった額の経費が支払われている

【語群】

① 3%　② FL コスト　③ 6%　④固定費　⑤変動費　⑥ 7%

⑦人員シフト　⑧食材費　⑨レーバーコスト・コントロール

⑩多能工

【解答欄】

ア	イ	ウ	エ	オ

〈問 4〉

次の立地調査に関係のある文章を読み、最適な単語を解答欄に記入しなさい（配点 5 点）。

ア．地域の行政の窓口で、無料で配布している人口統計データの名前

イ．その店がターゲットとする顧客が住む範囲のこと

ウ．周辺に住む、わが店が対象としている顧客層のこと

エ．一般的には、交通機関のことをいう。人がそこから湧いてくるような場所

オ．損失と利益のちょうど中間点。損も益もない売上高のこと

【解答欄】

ア	イ	ウ	エ	オ

復習問題Ⅱ

〈問 1〉

次の文章を読み、下記の語群からふさわしい単語を選び、解答欄に記号で答えなさい（配点5点）。

外資系飲食店の特徴は、飲食店を“(　ア　)”ととらえ、最初から標準化された店舗を計画し、複数店で経営することを前提とした（　イ　）経営である。銀座に開店したマクドナルドには、本職の調理人はおらず、ほとんどパート・アルバイトで、米国で開発された（　ウ　）をもとに教育され、驚異的な実績をうちたてた。

それまでわが国の飲食業界には、“(　エ　)”感覚の経営がまかり通り、遅れた業界というイメージが強かった。そこに登場した外資系飲食店に、それまでの飲食店経営者たちは驚き、わが国の飲食業界が大きく（　オ　）する第一歩となった。

【語群】

①近代経営　②フランチャイズ・チェーン　③マニュアル
④システム　⑤水商売　⑥牛丼　⑦変革　⑧産業
⑨チェーン・システム　⑩会社

【解答欄】

ア	イ	ウ	エ	オ

〈問 2〉

次の文章の内容が正しいものは○、間違っているものは×を解答欄に記入しなさい（配点5点）。

ア．看板メニューとは、店の前の看板に書いてあるメニューのことだ。
イ．当店は10坪のお店だが、メニュー数は100種類を超える。
ウ．「A部門」は約20%の品目で、売上の75～80%を売るすごいメニュー部門だ。
エ．レシピに書いてあることは一応守るべきだが、忙しい時は多少は逸脱してもよい。
オ．業者の納品は、お昼のランチタイムには受け取らないほうがいい。

【解答欄】

ア	イ	ウ	エ	オ

〈問 3〉

次の欲求は、マズローの欲求５段階説のどの段階に当てはまるか、下から選び番号で答えなさい（配点５点）。

ア．部長になって皆から尊敬されたい

イ．犯罪や災害から家族を守ってほしい

ウ．卒業後は一流企業に就職したい

エ．お腹いっぱい温かいご飯を食べたい、

オ．将来は独立して夢に見た理想の店を持ちたい

【語群】

①生理的欲求　②安全の欲求　③所属と愛の欲求　④承認の欲求

⑤自己実現の欲求

【解答欄】

ア	イ	ウ	エ	オ

〈問 4〉

次の文章を読み、当てはまる用語を解答欄に記入しなさい（配点５点）。

ア．ハンディターミナルに顧客の注文を入力すると、その注文情報が調理場へと送られ、それに従って調理してディッシュアップする。

イ．わが国の飲食店経営や経営管理レベルが飛躍的に向上した一因には、このシステムの導入があると言われている。

ウ．店の損益、つまり利益が出ているのか、赤字なのかを見るための財務諸表のこと。

エ．どの程度財産や借金があるのか、どの程度在庫があるのかを数字で見るための帳票のこと。

オ．「ヒト」「モノ」「カネ」「情報」の上手な組み合わせ

【解答欄】

ア	イ	ウ	エ	オ

復習問題Ⅲ

〈問 1〉

次の文章を読み、下記の語群からふさわしい単語を選び、記号で答えなさい（配点 5 点）。

（　ア　）は、従来の客集めではなく、顧客一人一人の（　イ　）や（　ウ　）を丹念に調べ、個々の（　エ　）に細かく対応することである。季節のダイレクトメールにしても、こうした顧客の（　オ　）情報をしっかり頭に入れて、的確に案内しなければならない。

【語群】

①必要　②名前　③欲求　④階層別　⑤色別　⑥ニーズ
⑦メールアドレス　⑧ワン・トゥ・ワン・マーケティング　⑨個別
⑩ Web

【解答欄】

ア	イ	ウ	エ	オ

〈問 2〉

以下の用語が、業種の場合は○、業態と言われるものは×を解答欄に記入しなさい（配点 5 点）。

ア．ファストフード
イ．懐石料理
ウ．フレンチレストラン
エ．ファミリーレストラン
オ．イタリアンレストラン

【解答欄】

ア	イ	ウ	エ	オ

【解答】

復習問題Ⅰ

〈問1〉

ア ④　イ ⑥　ウ ⑨　エ ①　オ ⑤

〈問2〉

ア ×　イ ○　ウ ×　エ ×　オ ×

〈問3〉

ア ⑤　イ ⑦　ウ ②　エ ①　オ ④

〈問4〉

ア 行動科学　イ ハウスルール　ウ OJT

エ プラス志向　オ ロールプレイング指導法

復習問題Ⅱ

〈問1〉

ア ⑧　イ ⑨　ウ ③　エ ⑤　オ ⑦

〈問2〉

ア ×　イ ×　ウ ○　エ ×　オ ○

〈問3〉

ア ②　イ ③　ウ ⑩　エ ⑦　オ ④

〈問4〉

ア 人口動態調査　イ 商圏　ウ ターゲット（市場標的）

エ トラフィックジェネレーター（TG）　オ 損益分岐点売上高

復習問題Ⅲ

〈問1〉

ア ⑧　イ ①　ウ ③　エ ⑥　オ ⑨

〈問2〉

ア ×　イ ○　ウ ○　エ ×　オ ○

〈問3〉

ア ④　イ ②　ウ ③　エ ①　オ ⑤

〈問4〉

ア OES（オーダー・エントリー・システム）

イ POS（販売時点情報管理）　ウ 損益計算書

エ 貸借対照表　オ 経営

■参考文献

『幸せを呼ぶ飲食店の独立開業』　高桑隆著、商業界刊

『フードビジネス成功ノート』　高桑隆著、同友館刊

『飲食店経営の数字が分かるマネジメント』　高桑隆著、同友館刊

『幸せレストラン　農家レストラン』　高桑隆著、同友館刊

『農家レストランの繁盛指南』　高桑隆著、創森社刊

『飲食店・経営数字の使い方』　川井十郎著、同友館刊

『飲食店の始め方と運営』　入江直行著、成美堂出版

『外食産業の時代』　茂木信太郎著、農林統計協会

『小が大に勝つ　飲食店繁盛法』　榊芳生著、柴田書店

『外食産業のしくみ』　齊藤訓之著、ナツメ社

『ファストフード戦争』　中島達弘著、東京経済

『日本の食文化史年表』　江原絢子・東四柳祥子編、吉川弘文館

「EXPO'70 驚愕！大阪万国博覧会のすべて」中和田ミナミ & atmosphere ltd

「外食産業統計資料集　2009 年版」（財）外食産業総合調査研究センター

■資料提供

●江東区深川江戸資料館
東京都江東区白河 1-3-28　tel.03-3630-8625
http://www.kcf.or.jp/fukagawa/

●横浜開港資料館
横浜市中区日本大通 3　tel.045-201-2100
http://www.kaikou.city.yokohama.jp/

●株式会社　中村一級建築設計事務所
東京都港区高輪 1-23-34-603　tel.03-3446-8523
http://nadi.sytes.net/nadi/

●NEC インフロンティア株式会社　IT サービス営業事業部フード営業推進部
東京都千代田区神田司町 2-3　tel.03-5282-5827
http://www.necinfrontia.co.jp/food

●著者略歴

高桑　隆（たかくわ　たかし）

1950年北海道士別市生まれ。神奈川大学経済学部卒業。

1974年通信教育「売場管理実務講座」で文部大臣賞受賞。

1975年商業界米国西海岸流通セミナーに参加し外食産業に着目、
翌年（株）デニーズジャパン入社。調理師免許取得。

1982年セゾングループ（株）コモコフーズにて店舗開発部長。

1989年東京商科専門学校入校、主幹教員就任。

(株)OGMコンサルティング、経営企画室を経て、
1999年（有）日本フードサービスブレイン設立、代表取締役。

2000年法政大学エクステンションカレッジ「店舗起業支援塾」開講。

2009年福島県会津若松市にて「農家レストラン創業塾」開催。

現在、服部栄養専門学校、桜美林大学非常勤講師。

東京都、千葉県、茨城県、群馬県、福島県、静岡県、長野県各商工会連合会認定経営エキスパート。

あおぞら銀行　経営・技術評価アドバイザー。

著書に『幸せを呼ぶ飲食店の独立開業』（商業界）、『フードビジネス成功ノート』『飲食店経営の数字がわかるマネジメント』『幸せレストラン農家レストラン』（以上同友館）、『農家レストランの繁盛指南』（創森社）。

店舗指導、講演、年50回以上。その他業界誌、雑誌等への連載多数。

〈連絡先〉
〒259-1113　神奈川県伊勢原市粟窪149
(有)日本フードサービスブレイン
Tel & fax　0463-94-3013
e-mail : qqfv5ved@festa.ocn.ne.jp

2012年7月30日　第1刷発行
2018年1月20日　第3刷発行

調理師のための飲食店経営読本

ⓒ著　者　高　桑　　隆
発行者　脇　坂　康　弘

発行所　株式会社 同友館
〒113-0033　東京都文京区本郷3-38-1
TEL. 03（3813）3966
FAX. 03（3818）2774
http://www.doyukan.co.jp/

乱丁・落丁本はお取り替えいたします。
三美印刷・松村製本
ISBN 978-4-496-04902-6
Printed in Japan